Adventskalender

Esther Gajek

Adventskalender

von den Anfängen
bis zur Gegenwart

Süddeutscher Verlag

Der Verlag ars edition, München, besitzt die Rechte an den Reichhold-&-Lang-, Ars-Sacra- und ars-edition-Adventskalendern. Die Abbildungsrechte für die Korsch-Adventskalender liegen beim Adolf Korsch-Verlag, Gilching. Beide Verlage waren freundlicherweise bereit, uns die Rechte für diese Publikation zu erteilen.

Wir danken den unten genannten Besitzern von Adventskalendern dafür, daß sie ihre Ausgaben fotografieren und abbilden ließen:
Dominik Wunderlin, Basel: Abb. 5, 14, 20, 22, 38, 51.
Schweizerisches Museum für Volkskunde, Basel: Abb. 37.
Münchner Stadtmuseum: Abb. 26.
Verlag ars edition, München: Abb. 78.
Adolf Korsch Verlag, Gilching: Abb. 85.
Johanna Weishaupt, Hagen: Abb. 6.
Die übrigen Adventskalender sowie die dazugehörigen Aquarelle, Entwürfe und Prospekte stammen aus der Sammlung der Verfasserin.

Bildnachweis:
Bildarchiv der Volkskundlichen Kommission für Westfalen, Münster: 6.
Privat: 1, 8.
Esther Gajek: 13.
Alle anderen Farb- und Schwarz-Weiß-Aufnahmen stammen von Werner Neumeister, München.

Die Größenangaben unter den Abbildungen und im Text wurden in Zentimetern gemessen und geben nacheinander Höhe, Breite und Tiefe an.

ISBN 3-7991-6422-7
© Süddeutscher Verlag
in der Südwest Verlag GmbH & Co. KG, München
Alle Rechte vorbehalten. Printed in Germany
Layout: Florian Raff, München
Technische Herstellung:
Universitätsdruckerei Dr. C. Wolf & Sohn KG
Bindearbeit: Conzella, Pfarrkirchen

Es fing damit an, daß ich als kleines Mädchen meine benützten Adventskalender nicht wegwerfen wollte. Im Laufe der Jahre wuchs die Zahl der geschenkten und selbstgekauften Ausgaben auf fast tausend Stück an.

Vor drei Jahren konnte ich einen Bestand alter Adventskalender und deren Aquarellentwürfe und Prospekte erwerben. Sie stammten aus dem Nachlaß von Gerhard Lang. Angeregt durch diesen Kauf begann ich, der Geschichte und Entwicklung des Adventskalenders nachzugehen.

Aus dem planlosen Sammeln wurde eine ernsthafte Beschäftigung mit Motiven, Verlagen und Illustratoren.

1908 brachte Gerhard Lang in München den ersten gedruckten Adventskalender heraus. Das 80jährige Jubiläum ist Anlaß für eine Sonderausstellung im Bayerischen Nationalmuseum, zu der das vorliegende Buch als Begleitband erscheint.

Allen, die mir beim Schreiben geholfen haben, sei herzlich gedankt: den Verlagen ars edition und Korsch und deren Mitarbeitern für Informationen, Vorlagen und die Abbildungsrechte; Gudrun Keussen und Dr. Dieter Lang für unsere Gespräche sowie Dominik Wunderlin für seine Leihgaben und hilfreichen Anmerkungen. Frau Dr. Nina Gockerell hat das Buch von der ersten Gliederung bis zur Schlußkorrektur betreut und mir in jeder Weise geholfen; ihr gilt mein besonderer Dank.

Adventskalender: von München in die ganze Welt

Adventskalender sind uns heute sehr vertraut: Es gibt sie in der einfachsten Form als Bild mit 24 Türchen zum Öffnen, aber auch mit Schokoladenfüllung (Abb. 1), als Bastelbogen in Kinder- und Frauenzeitschriften, als aufstellbare Kaufläden, Karussells oder Schlösser und – in überdimensionaler Größe – als Schaufensterdekoration oder Hausverkleidung.

Abb. 1
Junge vor seinem mit Schokolade
gefüllten Adventskalender
1958

7

Adventskalender sind auch zum Werbeträger geworden, wenn sie – mit Firmeneindruck versehen – Anfang Dezember verschenkt oder verkauft werden (Abb. 2).

Was heute aus den Wochen im Advent nicht mehr wegzudenken ist, entstand erst vor achtzig Jahren. Am Anfang dieses Jahrhunderts brachte der junge Verleger Gerhard Lang in München den ersten gedruckten Adventskalender heraus. Schon bald nach dessen Erscheinen griffen einige damalige Verlage seine Idee auf. Nach dem Zweiten Weltkrieg nahm die Zahl der Hersteller von Adventskalendern erneut zu, inzwischen ist sie noch weiter gewachsen. Was 1908 in einer lithographischen Anstalt mit einem einfachen Ausschneidekalender begonnen hatte, führte in nur acht Jahrzehnten zu einer unüberschaubar gewordenen Vielfalt an Motiven, Formen und Verlagen.

Das vorliegende Buch zeichnet die Geschichte des Adventskalenders nach. Es beginnt bei den Vorformen im 19. Jahrhundert, die Eltern für ihre Kinder selbstgebastelt hatten. Der Entwicklung des gedruckten Adventskalenders wird am Beispiel Münchner Verlage nachgegangen. In München brachte Gerhard Lang dreißig Jahre lang seine von Ausstattung und Zeichnung her aufwendigen Adventskalender heraus; hier erschienen die ideologisierten „Vorweihnachts"-Kalender der frühen vierziger Jahre. Nach 1945 wurde München zu einem international bedeutenden Herstellungszentrum für Adventskalender. Mit religiösen und profanen Ausgaben aus den hiesigen Verlagen wurde zunächst der heimische Markt beliefert; inzwischen gehen sie in alle Teile der Welt.

Abb. 2
Adventshäuschen
gegen Aufpreis zu einer Pfund-
packung Kaffee erhältlich
1987
25 × 12,5 × 9,5

Was ging dem gedruckten Adventskalender voraus?

Wenn heute von Adventskalendern die Rede ist, verbindet man damit zunächst jene Erzeugnisse der papierverarbeitenden Industrie, bei denen täglich eines der numerierten Fenster geöffnet werden kann, so daß die dahinterliegende Szene oder das Tagesmotiv sichtbar wird. Auch die mit Schokolade gefüllten Exemplare rechnen wir dazu sowie selbstgebastelte Formen.

Bei anderen Erscheinungen fällt es schwer, sie mit dem oben beschriebenen Bild des Adventskalenders in Einklang zu bringen: Was hat eine mit Strohhalmen gefüllte Krippe, was eine stückweise abbrennende Kerze oder ein mit Lichtern besteckter Kranz mit diesem vertrauten papierenen Adventskalender zu tun? Was ist überhaupt ein Adventskalender? Eine Antwort gibt der Begriff selbst. ,Advent' beschreibt als Zeit der Verwendung die vier Wochen vor Weihnachten, und ,Kalender' deutet die Funktion an als Gegenstand, mit dem Zeit sichtbar gemacht werden kann.

Damit sind die beiden wichtigsten Kriterien genannt, die das ausmachen, was wir unter Adventskalender verstehen wollen: einen Zeitmesser für die Tage im Advent, dessen Höhepunkt das Weihnachtsfest bildet.

Zu dieser Funktion können noch weitere kommen. Bei einem Großteil der frühen Adventskalender ist die Betonung des religiösen Aspekts der Adventszeit auffällig, im Sinne einer Vorbereitung auf die Geburt Christi. Außerdem wurden und werden Adventskalender dazu verwendet, Kindern Geduld und Beherrschung beizubringen. Auf einer dritten Ebene kann man in ihnen auch eine Vorwegnahme des Schenkens am Heiligen Abend sehen, wenn schon ab dem 1. Dezember täglich ein kleines Präsent – sei es ein Bild, eine Süßigkeit oder ein Gegenstand – angesehen oder gar entnommen werden darf.

9

Advent

Advent bezeichnet eine etwa vier Wochen lang dauernde Zeit im Kirchenjahr, die am ersten Sonntag nach dem 26. November beginnt und an Weihnachten endet. Diese Wochen stehen ganz im Zeichen der Ankunft Gottes als Mensch; sie sind verbunden mit zahlreichen Handlungen in der Kirche und innerhalb der Familie.

In den katholischen Gotteshäusern sind – so rät es das „Kirchenlexikon" von 1882 – die Bibeltexte der täglichen Messen „darauf berechnet, die Flamme der Sehnsucht nach der Ankunft Jesu im Herzen zu entzünden und auf die Notwendigkeit der Wegbereitung hinzuweisen". Und auch durch die zusätzlichen, am frühen Morgen stattfindenden Rorate-Messen oder Engelämter wird diese Zeit besonders betont.

Was bei den Katholiken in die Kirche integriert war, fand im Protestantismus im häuslichen Bereich statt. Die evangelischen – und hier besonders die pietistischen – Christen feierten zu Hause in täglichen Andachten mit liturgieähnlicher Ordnung (Lesung der biblischen Prophezeiungen, Gebete, gemeinsames Singen und Erzählen) die bevorstehende Ankunft des Herrn. Aus diesem protestantisch-häuslichen Umfeld stammen die ersten Belege früher Formen von Adventskalendern, wie wir sie seit der Zeit um 1850 kennen.

Die Praktiken privater und öffentlicher Andacht in der Adventszeit aus dem 19. Jahrhundert finden eine vielfältige Fortsetzung in unserem Jahrhundert. Der katholische Schriftsteller Leo Weismantel (1888–1964) veröffentlichte 1939 sogar ein als Adventskalender angelegtes Buch mit dem Titel „Unter dem Adventskranz". Es enthält für jeden Tag im Dezember eine feste Ordnung, bei der das Tagesmotiv der selbstgebastelten Adventsuhr in Beziehung steht zu Bibellesungen, Gesang und Bastelarbeiten.

Advent wird bei den hier erwähnten Beispielen empfunden als Zeit der geistigen und seelischen Vorbereitung auf den religiösen Höhepunkt des Jahres, und bei Weihnachten steht die Menschwerdung Gottes im Vordergrund.

Neben diesem sakralen Verständnis treffen wir ein anderes an, das sich schon im 19. Jahrhundert herausgebildet hat und inzwischen vorherrscht. Advent bleibt auch hier eine Zeit der Vorbereitung, aber weniger auf die Geburt Christi als vielmehr auf Weihnachten im Sinne eines Bescherungsrituals. Das materielle Geschenk steht nun im Vordergrund gegenüber dem geistigen.

Diese Profanierung von Advent und Weihnachten wirkt sich dann auch in den Tagesmotiven der gedruckten Adventskalender aus: Sie zeigen überwiegend Spielsachen – also mögliche Geschenke – und nur selten Religiöses. Die noch oft am 24. Dezember sichtbar werdende Krippe täuscht über den weitgehenden Verlust der religiösen Dimension nicht hinweg.

Kalender

„Du! in 23 Tagen ist Weihnacht!' rief Werner in den Korbwagen hinein. ‚Verstehst du?'
Hans lachte.
‚Wernermann, tu du nicht so großartig. Du weißt ja selber nicht, wieviel 23 Tage sind!'
‚Doch, das weiß ich gut! Ein Tag ist, wenn man aufsteht, und 23 Tage ist, wenn man vielmal aufsteht, und dann kommt Weihnacht!'
Lotti aber lief ins Schlafzimmer, um an ihr und an Mariannes Bett mit Kreide 23 lange Striche zu zeichnen." (Bindschedler, 119)

Zeit ist eine abstrakte Größe und deshalb schwer vorstellbar. Wie lange dauern 23 Tage? Zeit ist auch eine relative Größe: Wie lange dauern die 23 Tage vor Weihnachten? Wie lange dauern sie für Erwachsene, wie lange für Kinder?

Werner behilft sich, indem er die Zeitspanne unterteilt und 23 einzelne Tage sieht. Lotti geht weiter: Sie setzt die Vorstellung um und malt für jeden Tag einen Strich an ihr Bett.

Zeit ist geistig schwer nachvollziehbar, sie läßt sich aber in Zeichen, in Zahlen und Namen festhalten: Stunden auf Uhren, Tage und Monate als Worte im Kalender und auch Striche am Bett.

Die Schweizer Kinderbuchautorin Ida Bindschedler (1854–1919) schildert die Turnachkinder, die Helden ihres Buches, mit einem vorweihnachtlichen Strichkalender, wie er um die Jahrhundertwende in zahlreichen Familien in Gebrauch war. Einige Benützer beschrieben diese frühen Adventskalender dann als Erwachsene in ihren Erinnerungen. Aus den meisten Texten geht jedoch hervor, daß nicht die Kinder selbst auf diese Idee gekommen waren, sondern daß sich die Eltern dieses Mittels bedienten, um ihren Kindern die Wartezeit buchstäblich vor Augen zu führen.

Eltern dachten sich auch andere Formen aus, die Zeit im Advent sichtbar zu machen. Dabei verwendeten sie bekannte Methoden der Zeitmessung und paßten sie mehr oder weniger dem speziellen Anlaß an: Es gab neben den Strichkalendern solche zum Abreißen, aber auch stückweise abbrennende Kerzen und Advents- oder Weihnachtsuhren, an denen der Zeiger täglich vorgerückt werden durfte.

Advent – Kalender: Adventskalender

Adventskalender sind Hilfsmittel zur Veranschaulichung der Tage im Advent, die in erster Linie von Eltern für ihre Kinder erdacht worden sind. Sie treten in ganz verschiedenen Formen auf: Kreidestriche an einer Türe, gedruckte hinterklebte Weihnachtsbilder mit gestanzten Fenstern, aber auch mit Lichtern und Fahnen geschmückte Adventsbäumchen und aufwendig gearbeitete Weihnachtskapellen.

Bei allen Formen des Adventskalenders wird meist täglich etwas verändert: Kinder wischen Striche weg, öffnen Papierfenster, stecken Fahnen hinzu und entnehmen Vorhänge aus Papier. Sie sind mit dem Verrichten dieser Handlungen beschäftigt, und ihre Spannung auf das Weihnachtsfest verlagert sich auf die jeweilige Veränderung im Adventskalender.

Adventskalender führen auf das Weihnachtsfest hin, das auch gleichzeitig ihren Abschluß bildet. In den Erscheinungsformen und Motiven werden viele Elemente des Festes vorweggenommen: Lichtergeschmückte Bäume, Kerzen, Gebäck, Szenen mit Bescherung und Bilder von Geschenken tauchen schon im Advent auf. Das tägliche Stück Weihnachten steigert damit die Erwartung auf das Bevorstehende.

In den Adventskalendern erkannten die Erwachsenen bald die Möglichkeit, die Kinder zu Geduld und Beherrschung zu erziehen: Jeden Tag darf nur e i n e Süßigkeit entnommen, e i n Fenster geöffnet werden. Die „Gebrauchsanweisung" eines frühen gedruckten Exemplars enthält die Mahnung, sich nicht an den Zuglaschen des nächsten Tages zu „vergreifen":

„Ziehe nun täglich einen Schieber in der richtigen Reihenfolge; aber sei nicht zu neugierig und vergreife Dich nicht an den Schiebern, die für die nächstfolgenden Tage bestimmt sind! Eins ums andere! Man muß geduldig warten können, bis das Christkind kommt, und am Weihnachtstag öffnest du dann die Mitteltür. Dann ist es da und der strahlende Lichterbaum lohnt Deine Geduld."

Der Adventskalender wurde auch gerne zum Anlaß genommen, in moralischen Geschichten an diese Tugenden zu erinnern und bot Gelegenheit, über die Schwierigkeit des Wartens für Kinder u n d Erwachsene nachzudenken:

„Man muß natürlich auch selber warten können, bis es soweit ist. Ein solcher Adventskalender bereitet manchem Kinde die Versuchung, sich am Tage nicht mit dem Öffnen eines, nämlich seines, Türleins zu begnügen . . . Warten müssen und doch nicht warten können, ist das nicht mitunter auch unsre Not? Der Adventskalender kann uns wohl etwas lehren darin und uns ein wenig erziehen. Alles hat seine Zeit, sagt er. Greife nicht töricht über den Tag hinaus! Es hat keinen Sinn und Wert. Mit solchen Vorgriffen gerätst du nur in Widerspruch zur Wirklichkeit." (Mitscherling, 9)

Wie wurden Kindern die Adventstage sichtbar gemacht?

Fritz von Bodelschwingh (1877–1946) hat in seinen Erinnerungen festgehalten, was seinen Vater, einen evangelischen Theologen, dazu bewogen haben mag, für seine Kinder ein sich täglich veränderndes Adventsbäumchen aufzustellen.

„Unser Vater wußte: für Kinder ist die Hoffnung eine starke Kraft. Darum hielt er es so, daß die Adventszeit für uns eine Schule der Hoffnung wurde. Weil aber bei den Kindern das Vergängliche noch mehr als für große Leute ein Gleichnis des Unvergänglichen ist und sie das am besten verstehen, was ihren Augen und Ohren spürbar wird, darum wurden solche Signale der Hoffnung auf unserem Wege aufgerichtet."
(Bodelschwingh, 68)

Einige dieser frühen selbstgebastelten Adventskalender sind aus Lebenserinnerungen bekannt. Im Zusammenhang und zur Zeit ihrer Verwendung hießen sie noch nicht Adventskalender. Dieser Ausdruck wird ihnen später gegeben, aus der zeitlichen Distanz und der Kenntnis der gedruckten Exemplare heraus; er scheint erst im 20. Jahrhundert mit diesem Produkt verbunden worden zu sein.

Die ersten Belege für Adventskalender stammen aus der Mitte und besonders aus der zweiten Hälfte des 19. Jahrhunderts. In dieser Zeit hat sich die Entwicklung des Weihnachtsfestes von der außerhäuslichen zur privaten (Familien-)Feier bereits vollzogen. Der Rückzug in die Privatsphäre geht einher mit einer Konzentration auf die Kinder und die Geschenke für sie.

Die Belege für frühe Adventskalender werden typologisch in drei Gruppen eingeteilt, deren Überschriften Beispiele nennen für das jeweilige Prinzip der Zunahme, der Abnahme und des Weiterrückens. Innerhalb der Gruppen erfolgt – so weit das die Quellen zuließen – eine chronologische Anordnung.

Täglich kommt ein neues Weihnachtsbild an die Wand

Bei diesen Adventskalendern geht es um eine Vervollständigung, ein Wachsen, eine Zunahme: Kinder erhalten täglich ein neues Bild, weitere Lichter werden angezündet, zusätzliche Fahnen mit biblischen Verheißungen auf einen Baum gesteckt, Strohhalme in eine Krippe gelegt.

Der früheste bekannte Beleg für eine Erscheinung, die man als Adventskalender bezeichnen kann, stammt von 1851. Elise Averdieck (1808–1907) beschreibt in einem Kinderbuch die Vorweihnachtszeit:

„Abends, wenn die kleine Elisabeth zu Bette ist, dann erzählt ihnen die Mutter immer etwas von der Weihnachtsgeschichte, und sie lernen und singen viel Weihnachtslieder. Jeden Abend kommt ein neues Bild an die Tapete, und die Kinder wissen es schon, wenn alle vierundzwanzig Bilder an der Tapete hängen, dann ist Weihnacht da. Da sehen sie auf den Bildern das Christ-

kindlein . . . und den Engel Gabriel . . . und Joseph und Maria . . . und die Stadt Bethlehem . . . und die Weisen, die aus dem Morgenlande kommen . . . und wie Joseph und Maria mit dem heiligen Kinde nach Ägypten flüchten und noch viel, viel mehr schöne Dinge sehen sie auf den Bildern." (Averdieck [9]1880, 48 f.)

Bei dieser Schilderung fallen mehrere Dinge auf: Zunächst läßt sich eine Nähe zu den heutigen Adventskalendern mit ihren 24 Bildern feststellen; die hier beschriebenen illustrieren jedoch durchgehend biblische Themen. Die Kinder betrachten gemeinsam mit ihrer Mutter das neue Bild, hören vom Weihnachtsevangelium und „lernen und singen viel Weihnachtslieder". Es sind zahlreiche Handlungen, die mit dem Adventskalender verbunden werden. Alles ist auf Weihnachten ausgerichtet; die Motive der Bilder scheinen sogar darüber hinaus zu gehen, wenn noch die Weisen aus dem Morgenlande und die Flucht nach Ägypten vorkommen.

Elise Averdieck war fast zwanzig Jahre lang Leiterin und Lehrerin an der von ihr begründeten christlichen Knabenschule in Hamburg, und so ist es leicht denkbar, daß sie für ihre Schüler etwas Ähnliches gebastelt hatte.

Aus einem Tagebucheintrag vom Dezember 1840 geht hervor, welche große Bedeutung sie der Adventszeit beimaß:

„Die schönste Zeit ist nach meinem Dafürhalten der Advent mit seiner Erwartung, wenn Weihnachten mit seiner heiligen Freude vor der Tür ist. Da ist mit den Kindern und für die Kinder viel zu arbeiten und zurecht zu machen, damit jedes seiner Herzensfreude Ausdruck gebe im Freudebereiten." (Averdieck 1913, 150)

Elise Averdieck stand der pietistisch-sozialen Richtung der evangelischen Kirche nahe und war mit Johann Hinrich Wichern (1808–1881), dem Begrün-

der des Rauhen Hauses, befreundet. Hier treffen wir etwa zur gleichen Zeit auch einen vorweihnachtlichen Brauch an, den wir als Adventskalender bezeichnen können.

In einem Kapitel seiner „Gesammelten Schriften" beschreibt Wichern eine Adventsandacht, wie sie ab der Jahrhundertmitte jeden Mittag und von den siebziger Jahren an abends gehalten worden ist:

„Aber was gucken die Knaben- und Mädchenaugen so lustig zum Kronleuchter empor? Oh, was sie da sehen, kennen sie wohl. Es ist nichts als ein einfacher Kranz, den der Kronleuchter auf seinen Armen trägt, und auf dem Kranz brennt das erste Licht, weil heute der erste Adventstag ist; und kommt ihr morgen, dann brennen schon zwei, und übermogen drei, und jeden Tag eins mehr. Und je mehr Lichter brennen, desto näher rückt Weihnachten und desto froher werden Knaben und Mädchen; und brennt der volle Kranz mit allen 24 Lichtern, dann ist er da, der heilige Christ in all seiner Herrlichkeit". (nach Kleßmann, 39)

Wichern führt aus, wie Kinder diesen mit Kranz und Kerzen geschmückten Kronleuchter betrachten: Das Zunehmen der Kerzen soll ihnen Zeichen sein für das kommende Weihnachtsfest, denn das Licht wird – in christlicher Tradition – mit dem Erscheinen Gottes in Verbindung gebracht.

Aus einem anderen Bericht über die Adventszeit im Rauhen Haus geht hervor, daß die Sonntage innerhalb des Kranzes durch dickere Kerzen hervorgehoben waren. Bei diesen Andachten sang man Advents- und Weihnachtslieder und legte Bibelstellen aus.

Ein weiterer Beleg für eine frühe Form des Adventskalenders stammt ebenfalls aus einer protestantischen Familie und einem ähnlichen Umfeld wie dem des Rauhen Hauses. Fritz von Bodelschwingh, der Sohn des Gründers der Anstalten von Bethel und Nachfolger seines Vaters, erinnert sich an die Adventsfeiern seiner Kindheit:

„Wie das Verlangen aller Welt sich dem kommenden Christuskind entgegenstreckt, davon ging uns etwas auf, wenn wir am Abend desselben Tages mit Vater und Mutter zum ersten Adventsgottesdienst in die Kirche wanderten. Da stand vorn am Altar ein ganz kleines Tannenbäumchen. An dem brannte ein einziges Licht. Das Licht warf seinen Schein durch die grünen Zweige auf einen mit dünnem Goldpapier umwickelten Stab, an dem eine weiße Fahne hing. Auf diese Fahne hatte unsere viel geliebte Kirchenschwester Lydia Karbe . . . die erste Verheißung der Bibel geschrieben: ‚Ich will Feindschaft setzen zwischen dir und dem Weibe, zwischen deinem Samen und ihrem Samen; derselbe soll dir den Kopf zertreten, und du wirst ihn in die Ferse stechen'. Über dieses Wort sprach dann der Vater zu seiner Gemeinde der großen und kleinen kranken Kinder." (Bodelschwingh, 68 f.)

Dieses „Adventsbäumchen", wie es an anderer Stelle heißt, stand auch im Hause der Bodelschwinghs. Abends traf sich dort die Familie, um miteinander zu singen; die Kinder lernten die – als schwierig und unweihnachtlich empfundenen – Verheißungen der Fahnen auswendig und sagten sie auf.

Die Vorbereitung auf Weihnachten geschieht hier auf zwei Ebenen: Einmal im Text der Verheißung und dann im Entzünden der Lichter, mit denen wieder Christus verbunden wird:

„Es war, wie wenn aus der Dämmerung ein Sternlein nach dem andern aufleuchtet, bis der ganze Himmel hell geworden ist. Jedes Sternlein aber strahlt doch nur das Licht der Sonne wider, die aufgehen soll. Und diese Sonne ist das Christuskind, in dem das ewige Licht der Welt einen neuen Schein gegeben hat."
(Bodelschwingh, 71)

Mit „Adventsbäumchen" bezeichnet auch Lina Lejeune (1881–1967) den im Frankfurter Elternhaus aufgestellten Nadelbaum. Vom Aussehen ähnelt vieles dem in Bethel; der Reifen mit Lichtern erinnert an

das Rauhe Haus. Auch hier werden bei der täglichen Morgenandacht im Advent Verheißungen – diesmal auf Sternen, statt auf Fahnen – an einen im Baum befestigten Ring gehängt:

„Des Vaters besondere Erfindung war unser Adventsbäumchen . . . Das Bäumchen wurde nun so vorbereitet, daß ein Kinderspielreifen an vier Bändern so in die Krone befestigt wurde, daß er an den breitesten Teil des Bäumchens zu hängen kam. In diesen Reifen waren vorher so viele kleine Häkchen eingeschraubt worden, wie es Tage im Advent gibt. Unsere Mutter hatte nun ebenso viele Sterne ausgeschnitten und auf jeden mit ihrer feinen Schrift eine uns Kindern verständliche Adventsverheißung geschrieben, so daß wir sie selbst gut lesen konnten. Jeden Tag nun im Advent wurde bei der Morgenandacht eine Verheißung vorgelesen und an den Reifen gehängt, ein Lichtchen dazu gesteckt, bis sich der ganze Kranz mit Lichtern und Sprüchen die Adventszeit hindurch gefüllt hatte und das Christkind ihn sich für die oberste Spitze des großen Christbaumes einen Tag vor Weihnachten abholte." (Lejeune, 141 f.)

Die biblischen Verheißungen auf die Ankunft Christi wurden auch in die gedruckten Adventskalender übernommen: Seit den zwanziger Jahren kommen bei der badischen Sankt Johannis Druckerei Adventshäuschen heraus, deren geöffnete Fenster Bibelverse statt Bilder enthalten (Abb. 3). Eine Kerze, in die Mitte des Hauses gestellt, erleuchtet die farbigen Fenster und die vier Medaillons in den Treppengiebeln mit Szenen um die Geburt. Das verstärkt den durch die realistisch gezeichneten Wände, die Fenster und Türen hervorgerufenen Eindruck eines echten Hauses.

Im ganzen deutschsprachigen katholischen Bereich war eine andere Vorbereitung auf Weihnachten verbreitet, die z. T. noch heute in Klosterschulen praktiziert wird. Beim Strohhalmstecken legen Kinder in der Adventszeit als Zeichen ihres Wohlverhaltens einen Strohhalm, eine Feder oder etwas Watte in eine noch leere Krippe, die daheim, in der Schule oder in der Kirche steht. Zunächst scheint das Krippenbereiten rein geistig gemeint gewesen zu sein, wenn im ausgehenden Mittelalter Nonnen geraten wird, in der Adventszeit dem Jesuskind eine Krippe in ihrem Herzen zu bereiten, indem sie diese mit guten Gedanken und Taten füllen. Das tatsächliche Füllen einer Krippe mit Strohhalmen ist die Umsetzung dieser Idee, vermutlich um sie Kindern verstehbar zu machen.

Einen Strohhalm in eine Krippe legen zu dürfen, bedeutet, ihn mit Bravheit, Gebeten, guten Taten oder Verzicht verdient zu haben. Die Ankunft desjenigen, der in die Krippe gelegt werden soll, wird weniger ein Akt der Freude denn einer des Zwangs, möglichst brav zu sein oder besonders viel zu beten. Dazu kommt das schlechte Gewissen: Wenn die Verhaltensregeln der Erwachsenen nicht befolgt werden, liegt das Christkind hart.

„Wir hatten eine große Krippe. Beteten wir also wenig, mußte das Christkind hart liegen, und das konnten unsre sensiblen Kindergemüter nicht verantworten. Also gingen wir nach dem ersten Rorate gemeinsam ans Werk. Abgemacht waren fünf Vaterunser pro Tag. Bis zum zweiten Advent hielten alle durch. Dann wurden die Brüder flauer. Man konnte dies ja gut an der Anzahl der Halme kontrollieren. Wir Mädchen waren in der Mehrzahl; wenn wir also nun zwei Vaterunser mehr beteten, mußte das Christkind doch nicht hart liegen. Und es nützte tatsächlich aller Zuspruch nichts – die Männerwelt wollte nicht mehr als zwei Helme pro Kopf und Tag liefern.“ (nach Löcher, 95)

Strohhalmgefüllte Krippen zählen nur bedingt zu den frühen Formen des Adventskalenders. Obwohl dieser Brauch auf Weihnachten hinführt, ist die Handlung selbst doch zu sehr von äußeren Umständen wie Bravheit oder Fleiß abhängig. Auch läßt sich die Zahl der vergangenen oder noch bevorstehenden Tage schwer an der Menge der bereits eingelegten Halme ablesen.

Jeden Tag wird ein Kreidestrich weggewischt

Die Tage des Wartens auf Weihnachten vergehen, die Symbole der vergangenen Tage verschwinden: Striche werden ausgewischt, Blätter abgerissen, Papierstreifen abgeschnitten und Kerzen abgebrannt. Die Kennzeichen dieser Art von Adventskalendern sind noch am ehesten bekannt, weil sie an ähnliche oder gar identische Formen der Zeitmessung bei anderen Kalendern erinnern.

In den Berichten von den Adventskalendern aus der Kindheit tauchen am häufigsten die Strichkalender auf. Die vorhandenen Belege kommen aus süddeutschen, österreichischen und schweizerischen Familien vor allem katholischer, aber auch protestantischer Konfession. Pater Rupert Mayer (1876–1945) schildert in einem Adventsbrief seinen Strichkalender:

„Um die Weihnachtsstimmung in den Herzen der Kinder noch mehr zu fördern, hatten sich in vielen Familien mancherlei Gewohnheiten herausgebildet. So hatte man z. B. bei uns zu Hause am Abend des 30. November in Anwesenheit der Eltern und Kinder 25 Kreidestriche in das Innere eines alten Spielschrankes, der im Kinderzimmer stand, gemacht. In Gegenwart von klein und groß durfte jeden Abend eines der Geschwister in bestimmter Reihenfolge einen Strich auslöschen. Jeden Abend nahm die Spannung zu. So ging das bis zum 24. Dezember. Welche Freude, wenn nur noch ein Strich da war! (Aus geschäftlichem Grunde konnte unsere Weihnachtsbescherung erst am 25. abends stattfinden).“ (nach Löcher, 26)

Andere Berichte von Strichkalendern decken sich weitgehend mit dieser Beschreibung. Walter Mitscherling erinnert sich an seine Ungeduld:

Abb. 3
Adventshäuschen mit Bibelversen
Entwurf um 1920
Nr. 27004
Sankt Johannis Druckerei
Lahr, 1985
25 × 20 × 16,5

16

„An jedem Abend wurde einer ausgelöscht . . . Mitunter wurde mittags schon der halbe Strich getilgt. Beschleunigt wurde der Ablauf der Tage dadurch freilich nicht." (Mitscherling, 8)

Pius Parsch hebt die verschiedenen Striche hervor (Abb. 4):

„Uns hat der Vater am ersten Adventssonntag Kreidestriche an den Türstock gezeichnet, für die Sonntage ein längeres oder ein farbiges Stricherl, und ganz oben hat er einen Christbaum gezeichnet. Jeden Abend haben wir einen Stricherl weggewischt." (Parsch, 112)

Die Umformung einer bestimmten Kalenderart auf die Zeit vor Weihnachten und für Kinder kommt in den „Buddenbrooks" besonders anschaulich vor: Thomas Mann (1875–1955) schildert im Zusammenhang mit einer breiten Darstellung des Weihnachtsfestes im Hause Buddenbrook, daß Hannos Kinderfrau, Ida Jungmann, für ihren achtjährigen Schützling einen Abreißkalender nur für die Adventstage gezeichnet hat:

„Unter solchen Umständen kam diesmal das Weihnachtsfest heran, und der kleine Johann verfolgte mit Hilfe des Abreißkalenders, den Ida ihm angefertigt, und auf dessen letztem Blatte ein Tannenbaum gezeichnet war, pochenden Herzens das Nahen der unvergleichlichen Zeit." (Mann, 538)

Die Szene spielt 1869, und wenn wir auch nicht sicher wissen, ob sie auf ein wohl etwas späteres autobiographisches Erlebnis zurückgeht, so ist doch bemerkenswert, daß „Buddenbooks" 1901 erschien; erst fünfzehn bis zwanzig Jahre später gab es ähnliche gedruckte Adventskalender mit Abreißblättern.

Auch bei einer anderen Form des Adventskalenders reißen die Kinder etwas ab, aber nicht mehr Blockblätter, sondern Stücke von einem steifen Papierband, das an der Kinderzimmertüre hing. Elisabeth Kaul (*1901) erinnert sich in einem Brief:

Abb. 4
Holztüre mit verschiedenfarbigen Kreidestrichen, von denen täglich einer weggewischt werden darf

„Es war eine Rolle steifes Kanzleipapier, in ungefähr 5 cm lange Quadrate eingeteilt, so daß man sie leicht abreißen konnte, darauf war das Datum, vom 1. Advent bis zum 24ten Dezember. Am Nikolaustag war ein Nikolaus und Krampus darauf, am 24ten ein Christbaum. Die ungeraden Ziffern riß mein Bruder ab, die geraden ich."

Gerhard Lang, der als Erfinder des gedruckten Adventskalenders gilt, hatte als Kind auch täglich etwas wegnehmen und sogar aufessen dürfen. Seine Mutter hatte ihm 24 Gebäckstücke – es sollen die schwäbischen Wibele gewesen sein – auf einen Karton genäht.

Diese Kindheitserinnerung hielt Gerhard Lang selbst nie schriftlich fest, erzählte aber oft davon. Sie wurde immer wieder angegeben – wie hier von einer Bekannten Langs –, wenn es um die Anfänge des Adventskalenders ging:

„‚Erfunden' hat den Adventskalender eines Tages eine geplagte Mama, die das ungeduldige Fragen ihres kleinen Sohnes, wann denn nun endlich der Heilige Abend da sei, beschwichtigen wollte. Sie nahm einfach ein großes viereckiges Stück Karton, zeichnete 24 Felder darauf und spießte in jedes Feld eine Süßigkeit. Bis zum Weihnachtstag durfte der Bub täglich ein Feld abpflücken und dabei gleich selbst die Tage zählen."
(Bernhard, 10)

Vermutlich aus Skandinavien kam eine weitere frühe Form des Adventskalenders: Jeden Tag im Dezember wird bei der Adventskerze das vorgesehene Stück abgebrannt. Je kleiner die Kerze ist, desto näher ist der Heilige Abend. Waren die Exemplare aus dem 19. und frühen 20. Jahrhundert noch mit der Hand bemalt, so zeigt bei den heute käuflichen Ausgaben ein Abziehbild, wie weit es noch bis zum 24. Dezember ist (Abb. 5).

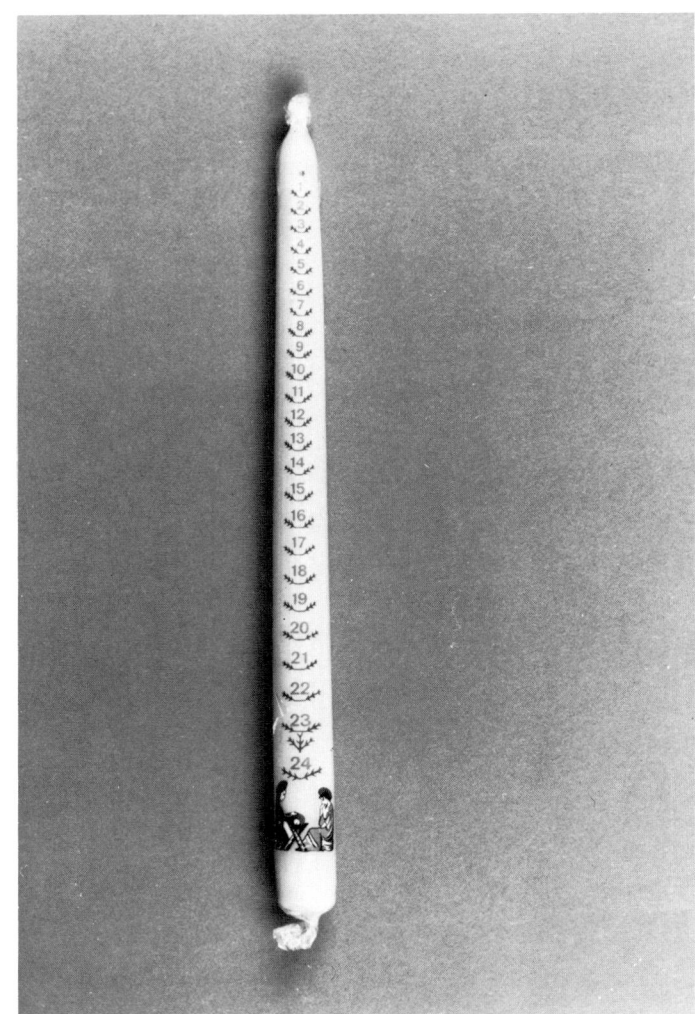

Abb. 5
Adventskerze
Stearinkerze mit aufklebtem Abziehbild
um 1980
29 × 1

Abb. 6
Selbstgebastelte Weihnachtsuhr
Geschenk an die Kinder des Hofes
Bennemann, Obermassen (Krs. Unna)
um 1925
30 × 30

Der Zeiger der Weihnachtsuhr geht auf den 24. zu

Es liegt nahe, die zwölf Einteilungen für Stunden bei Uhren auf die zwölf Tage vor Weihnachten zu übertragen und in gleicher Weise anzuordnen. Die abgebildete Weihnachtsuhr ist ein Beispiel dafür (Abb. 6). Sie entstand um 1925 für die Kinder eines westfälischen Hofes nach einem Schweizer Vorbild. Zifferblatt, römische Zahlen und bewegliche Zeiger erinnern an eine richtige Uhr; die Nikolaus- und Engeloblaten in der Mitte sowie die Verse bei den Ziffern tragen der speziellen Funktion als Weihnachtsuhr Rechnung. Die handgeschriebenen Vierzeiler erzählen von den Tätigkeiten des Christkinds und spielen auf das Drehen des Uhrzeigers an.
Die beiden letzten Verse lauten:
„Liebe Herzensmutter,
du kannst dem Christkind sagen:
Unsere liebe Weihnachtsuhr
hat den letzten Tag geschlagen.
Dreh dich Zeiger einmal noch,
nur einmal noch. Hurrah!
Endlich, endlich ist nun doch
Weihnachtsabend da.“
In Belegen aus Österreich werden zwei Adventskalender mit „Himmelsleiter" bezeichnet: Pius Parsch erwähnt ein papierenes Exemplar:
„Ich hab auch eine Himmelsleiter gesehen. Jeden Tag kommt ein papierenes Christkind um eine Sprosse herunter. Aber bei jedem Windhauch purzelt es herunter." (Parsch, 113)
Die aus Sperrholz gesägte und dann farbig gefaßte Himmelsleiter einer niederösterreichischen Familie ist weitaus stabiler und aufwendiger (Abb. 7). Sie wurde 1930 von böhmischen Klosterschwestern angefertigt und war noch bis vor wenigen Jahren in Gebrauch.

Eine etwa zehn Zentimeter große Christkindfigur im weißen Hemd und mit übergroßem Heiligenschein wird hier jeden Tag eine Sprosse hinuntergesetzt. Am Fuß der Leiter stehen und sitzen Engel, die das Christkind erwarten. Ein Engel – hier am Fuß der Leiter aufgestellt – streckt dem Christkind sogar erwartungsvoll einen Arm entgegen.

Der Einfallsreichtum dieses selbstgemachten Adventskalenders ist groß: Er reicht von dem dunklen Himmel mit goldenen Sternen über die zu öffnende Himmelspforte bis zu dem Tannenwald und den individuell ausgestalteten Engelsfiguren.

Diese Himmelsleitern verdeutlichen den Gedanken, daß Gott zu Weihnachten auf die Erde kommt, jeden Tag im Advent ein Stück näher.

Aus den aufgeführten Erinnerungen an frühe Adventskalender wurde deutlich, daß sich Eltern schon im 19. und beginnenden 20. Jahrhundert eine Vielzahl von Methoden ausgedacht hatten, um ihren Kindern die Wartezeit im Advent zu verkürzen. Die Vorformen des gedruckten Adventskalenders reichen von aufwendigen Adventsbäumchen mit biblischen Verheißungen bis zu ganz einfachen Kreidestrichen an einer Türe.

Die Belege zu diesen Adventskalendern kommen aus beiden Konfessionen und allen Gegenden des deutschsprachigen Raumes, so daß keine Zuordnung zu einer bestimmten Gruppe, Region oder Konfession vorgenommen werden kann.

Das Wissen um diese Erscheinungen im 19. Jahrhundert relativiert dann auch die Erfindung des ersten gedruckten Exemplares, und es kann Erklärung sein für die relativ schnelle Verbreitung des doch gar nicht so neuen Adventskalenders.

Abb. 7
Himmelsleiter
selbstgebastelter Adventskalender
Niederösterreich, um 1930
50 × 70 × 50

Wie leben die frühen Formen des Adventskalenders weiter?

Diesen frühen Formen des Adventskalenders war gemeinsam, daß sie von den Eltern für ihre Kinder selbstgemacht worden waren. Geschah das damals aus Mangel an gedruckten Exemplaren, so gilt für heute das Gegenteil: Selbstgebastelte Adventskalender sind sehr oft im bewußten Gegenüber zu einem als schlecht empfundenen Sortiment gedruckter Ausgaben gedacht und ergänzen dieses.

„Natürlich kann man perfekte Adventskalender auch kaufen. Doch sie können dem selbst hergestellten Kalender nicht gerecht werden. Denn wieviel Zauber strahlen die eigenen Werke doch aus, geprägt von der persönlichen Note und der Bedeutung der Einmaligkeit." (Wurst, 3)

Gerade diese „Einmaligkeit" macht es schwer, Genaueres über die nach Vorlagen oder völlig frei gebastelten Ausgaben zu erfahren: Es gibt kaum Beschreibungen oder gar Abbildungen von ihnen – das hier gezeigte Foto eines kleinen Jungen mit seinem 24fach beladenen Weihnachtsmann-Adventskalender bildet eine erfreuliche Ausnahme (Abb. 8).

Bei dem Versuch, diesen Formen näherzukommen, ist man ganz auf schriftliche Vorlagen angewiesen. Vorschläge zum Selberbasteln von Adventskalendern sind in Zeitschriften, vor allem aber Bastelbüchern enthalten. Schon in den dreißiger Jahren finden sich hier vereinzelt Anregungen; in den fünfziger und sechziger Jahren häufen sie sich, und für die letzten beiden Jahrzehnte sind sie daraus nicht mehr wegzudenken.

Inzwischen gibt es sogar eine ganze Reihe von Büchern zu kaufen, die nur das Selbstanfertigen von Adventskalendern behandeln. Die Vorschläge greifen oft auf Bekanntes zurück (Adventskerzen,

Abb. 8
Junge vor selbstgebasteltem
Adventskalender
1985

-uhren, aufgenähte Gebäckstücke, tägliches Licht, biblische Verheißungen), sprechen aber auch neue Gestaltungsmöglichkeiten an: etwa Wandbehänge mit 24 Taschen, einzeln eingepackte Geschenke, „Erzählkalender" aus Briefen, Scherzfragen oder Geschichten, gefüllte Walnüsse an Ketten sowie Kommoden, Eisenbahnen oder Treppen aus Streichholzschachteln.

Insgesamt zeichnet sich in den Adventskalender-Bastelbüchern bei den Vorschlägen eine Tendenz zum immer Raffinierteren ab. Es gibt dort Tannenbäume mit aufzusteckenden Filzherzen und -kerzen, Drehscheiben mit Engelsfiguren, Adventsschiffe, -lokomotiven, -lastwagen und -fesselballons, Adventskalender mit beweglichem Sternenrand, Adventslaternen, -dörfer und -schlösser.

Die Verbindung zwischen gekauften papierenen und selbstgebastelten Adventskalendern bilden solche, bei denen täglich etwas ausgeschnitten, aufgeklebt oder gebastelt werden kann; der Ernst Kaufmann Verlag im badischen Lahr hat sich auf diese Art spezialisiert.

Reichhold & Lang: die ersten gedruckten Adventskalender

Die Firmengeschichte von „Reichhold & Lang, lithographische Kunstanstalt G.m.b.H., München" (=RLM) beginnt am 29. Februar 1908. An diesem Tag nahm Friedrich Reichhold (1860–1915) seinen jungen württembergischen Landsmann Gerhard Lang (1881–1974) offiziell in die von ihm 1894 gegründete lithographische Anstalt als Teilhaber auf.

Reichhold, gelernter Lithograph und Kaufmann, hatte sich auf die Herstellung von Illustrationen zu medizinischen und naturwissenschaftlichen Werken spezialisiert. Dieser Arbeitsbereich wurde bei RLM beibehalten und durch weitere ergänzt.

Gerhard Lang, Sohn einer kinderreichen Pfarrerfamilie aus Maulbronn, war nach seiner Buchhändlerlehre in Stuttgart 1902 nach München gekommen, hatte zunächst bei J. F. Lehmanns, einem Fachverlag medizinischer Bücher, gearbeitet und war dann über diesen Geschäftspartner Reichholds in dessen lithographische Anstalt aufgenommen worden.

Ein Abschnitt aus „Klimsch's Adreßbuch der Druckereien des Deutschen Reiches" von 1908 gibt einen Eindruck von den Tätigkeiten und der Größe der Firma in ihrem Gründungsjahr. Als Spezialitäten werden dort genannt: „medizinische und naturwissenschaftliche Arbeiten, Plakate, Etiketten und Reklamemarken". Auch zu der Zahl der Beschäftigten und der Art der Maschinen finden sich Angaben: vier Steindruckschnellpressen, sieben Hilfsmaschinen und vierzig Arbeiter. RLM gehörte damit zu den größeren lithographischen Anstalten in München, von denen es zur selben Zeit über siebzig weitere gab. Diese Vielzahl hatte die Luxuspapierindustrie mit ihrem großen Bedarf an Entwürfen für Post- und Glückwunschkarten, Oblaten, Plakate, Sammelbilder und Reklamemarken hervorgerufen.

Von einigen der oben genannten Produkte sind Exemplare erhalten; sie weisen alle eine hohe Druck- und Verarbeitungsqualität auf. RLM war eine der

führenden Druckereien auf dem Gebiet des künstlerisch anspruchsvollen Werbeplakats, wie es um den Graphiker Ludwig Hohlwein (1874–1949) zur Zeit der Jahrhundertwende in München entstand. Die Zusammenarbeit zwischen Hohlwein und RLM ging über einige Jahre: Es entstanden zahlreiche Plakate, und auch das Motiv des Firmenkalenders von 1919, der zum 25jährigen Jubiläum der Reichholdschen Anstalt an Kunden veschenkt wurde, trug seine Unterschrift. Die Originalzeichnung hing über Gerhard Langs Schreibtisch. Eine Fotografie vom Anfang der zwanziger Jahre zeigt ihn in seinem Büro im Verlagsgebäude in der Hofmannstraße (Abb. 9).

Reichhold war inzwischen gestorben, und Lang führte die Druckerei alleine weiter: Um 1925 waren rund hundert Arbeiter bei RLM beschäftigt. 1930 erfolgte eine große Veränderung: Der nach Reichholds Tod hineingenommene Teilhaber zog seinen Anteil aus RLM heraus und machte sich selbständig. Das geschah zu einem so ungünstigen Zeitpunkt – kurz zuvor war in neue Maschinen investiert worden –, daß sich Gerhard Lang gezwungen sah, die Druckerei aufzulösen und in ein kleines Büro in der Theresienstraße umzuziehen. Hier vermittelte er gegen Beteiligung Aufträge und ließ bei anderen Firmen fertigen.

Lang beschränkte sich ab 1930 auf einige wenige Artikel: Er verlegte Jahreskalender für Kinder, dachte sich kleinformatige Rundhorizontbilder aus – eine beliebte Warenbeigabe zu Feigenkaffee oder Dosenmilch – und bot Wunschbriefbogen mit verschiedenen Motiven an. Passend zu diesen gab es den „Wunschbriefkasten, Hochformat, gelb" (Abb. 10), wie er in einem Prospekt genannt wird.

Er besteht aus einem dünnen Karton, der auf der Vorderseite mit einer gelatinierten Chromolithographie bedruckt und auf der Rückseite mit einem grünen Glanzpapier kaschiert wurde. Der „Wunschbrief-

Abb. 9
Fotografie von Gerhard Lang
München, um 1920

24

Abb. 10
Dora Baum
„Wunschbriefkasten"
Verlag Reichhold & Lang, Nr. 2607
München, um 1930
26 × 21

kasten" konnte an einer durch zwei vorgestanzte Löcher gezogenen Kordel aufgehängt werden. Die Zeichnung von Dora Baum (1881–1949) zeigt einen gelben Briefkasten mit grünen Seiten. Durch einen von Tannenzweigen umrankten Schlitz können die Kinder ihren Wunschbrief in das hintere Fach stecken, aus dem er durch einen Einschnitt im Papier der Rückseite von den Eltern wieder entnommen wird. Auf dem gelben Untergrund der Vorderseite ist folgende Szene festgehalten: Drei Engel (in zeitgenössischer Postbotenkleidung?) mit dunkelblauen, pelzbesetzten Mänteln, blau-roten Schildmützen und großen schwarzen Taschen mit gelbem Posthorn darauf fliegen von rechts auf das Christkind zu. Es liest in einem Brief, den Kopf mit den blonden Locken gesenkt. In ein helles, knöchellanges Kleid mit Sternenmuster gekleidet, steht es barfuß auf einer Wolke; vor ihm liegt ein bereits geöffneter Umschlag. In der Mitte des Bildes ist in einem roten Kreis die Aufschrift „Abholung 12 Uhr nachts" zu lesen.

Einen einzigen Artikel behielt Gerhard Lang von 1908 bis zur endgültigen Schließung 1940 immer im Sortiment von RLM: die Adventskalender. Obwohl sie höchst wahrscheinlich wegen ihrer aufwendigen Fertigung nie einen hohen Gewinn abgeworfen haben, waren sie ihm doch so wichtig, daß er sich nicht von ihnen trennte.

Lang bezeichnete sich als „Erfinder" des Adventskalenders. Angeregt durch die Wibele-Ausgabe, die seine Mutter ihm als Kind gebastelt hatte, brachte er 1908 den ersten Adventskalender heraus. Wenn auch ein vorweihnachtliches Kalendarium in manchen Familien schon üblich war, so bestand doch Gerhard Langs Verdienst darin, die erste gedruckte Ausgabe vorgelegt und damit eine kontinuierliche Verbreitung ausgelöst zu haben.

Die Durchsetzung der Langschen „Erfindung" brauchte einige Zeit. In einem schriftlich festgehaltenen Gespräch aus dem Jahre 1955 berichtet Gerhard Lang von den ersten Jahren:

„Es hätte mindestens 3 bis 4, wenn nicht sogar 5 Jahre gedauert, bis der Adventskalender einigermaßen populär wurde und Mengen verkauft wurden, die einen Gewinn abgeworfen haben. Der 1. Weltkrieg stoppte diese Entwicklung natürlich, aber ab 1919/20 setzte eine kontinuierliche Aufwärtsentwicklung ein.“

Im Nachlaß Gerhard Langs hat sich ein großer Teil der Adventskalenderproduktion erhalten. Im einzelnen sind das: drei Entwürfe, sechs Aquarelle, acht Andrucke und vierzig gedruckte Exemplare. Aus den ebenfalls überlieferten sieben Adventskalenderprospekten der Jahre 1927 bis 1938 geht die Ausweitung des Sortiments hervor, die sich in einer steigenden Zahl von Entwürfen in verschiedenen Größen niederschlägt: Gab es um 1915 drei Motive in fünf Ausführungen, so hatten sich die Zahlen in den zwanziger Jahren schon vervierfacht (zwölf Entwürfe in achtzehn Ausführungen) und bis 1936 noch einmal mehr als verdoppelt (29 Entwürfe in 42 Ausführungen).

Diese Zahlen verdeutlichen auch, daß es von Anfang an mit steigender Tendenz darum ging, aus einer Vorlage möglichst mehrere Fassungen zu erstellen, die sich durch Größe, Preis und Stabilität unterschieden.

Den Höhepunkt der Adventskalenderproduktion erreichte RLM im Jahrzehnt von 1926 bis 1936. Dann aber scheint die Konkurrenz so stark geworden zu sein und die RLM-Artikel immer mehr unterboten zu haben, daß sich Gerhard Lang zur Liquidation gezwungen sah. Am 22. Januar 1940 wurde RLM aus dem Handelsregister gelöscht. Damit stellte der erste und zugleich bedeutendste Adventskalenderhersteller eine über drei Jahrzehnte dauernde und äußerst fruchtbare Produktion ein.

Der erste Adventskalender: „Im Lande des Christkinds“

Gelungene Mischung von Bekanntem und Neuem

1908 erschien der erste Adventskalender bei RLM. Er hieß noch „Weihnachts-Kalender“ oder „Münchner Weihnachtskalender“ und ähnelt wenig dem, was wir heute mit Adventskalendern verbinden.

Richard Ernst Kepler (1851– um 1930), damals schon ein berühmter Illustrator, gab mit seinen Bildern eine Schilderungen der Vorbereitungen für das Weihnachtsfest. Zu diesem Adventskalender mit dem Titel „Im Lande des Christkinds“ gehören zwei Teile: ein mit 24 Einzelbildern bedrucktes dünneres Blatt und ein stärkerer Untergrundkarton, auf den eine Lithographie kaschiert wurde. Auf der Vorderseite enthält dieser Karton 24, den einzelnen Bildern durch große Zahlen zugeordnete und mit Text versehene Felder in einem aufwendig gestalteten Rahmen (Abb. 11).

Das Kind, das diesen Adventskalender benützt, schneidet am 1. Dezember das für den Tag bestimmte Motiv aus, liest den dazugehörigen Vers des Untergrundkartons, befeuchtet die gummierte Rückseite des Bildes und klebt es auf. Am 24. Dezember haben sich die Textfelder mit allen bunten Bildern gefüllt. Auf der Rückseite des Kartons stehen noch einmal die – vorne nun bedeckten – Verse Gerhard Langs, wo sie als Gesamttext nachgelesen werden können.

Zu diesem ersten Adventskalender ist das Aquarell erhalten (Abb. 12). Es besteht ebenfalls aus zwei Teilen, die hier übereinanderliegen und damit den Bildzustand vom 24. Dezember festhalten. Seine auf weißen Grund gesetzte hellbraune Umrißzeichnung aquarellierte und monogrammierte Kepler anschließend. Auffallend ist die von ihm gewählte zarte Farbigkeit, die bei den gedruckten Exemplaren in ver-

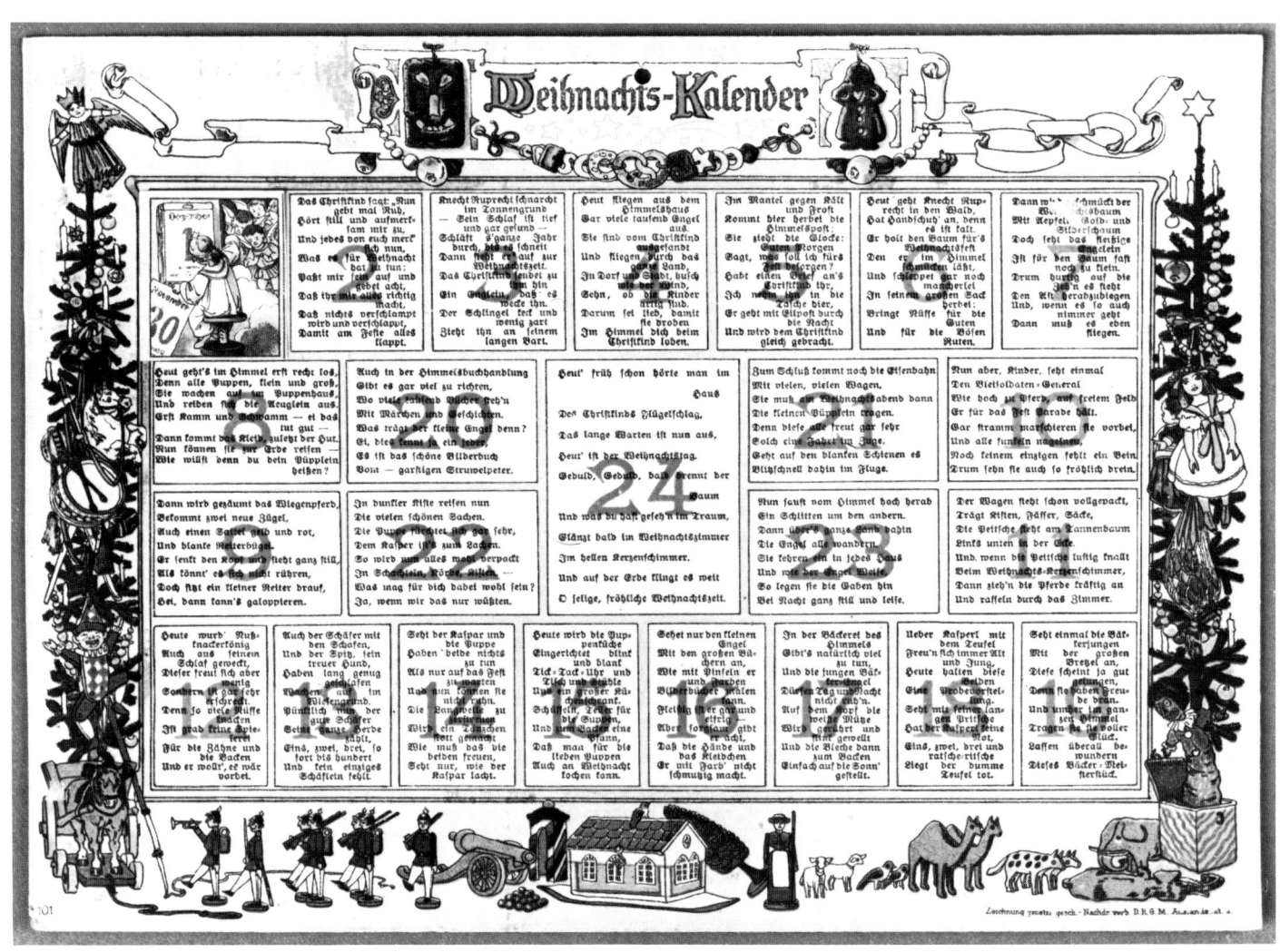

Abb. 11
Richard Ernst Kepler
„Im Lande des Christkinds"
Rückwand mit aufgeklebtem Bild
vom 1. Dezember
Verlag Reichhold & Lang, Nr. 101
München, um 1920
17,7 × 23,7

gleichsweise dunkle und starke Töne umschlägt (vgl. Abb. 18).

Die Einzelbilder des Motivblattes werden auf dem Untergrundkarton am oberen Bildrand von einer üppig geschlungenen Banderole umrahmt. Auf dem Aquarell ist das Textfeld noch leer, im gedruckten Zustand trägt es den Schriftzug „Weihnachts-Kalender". Gebäck, Äpfel, Nüsse und Lebkuchen hängen auf dem Band und darum herum. An den seitlichen Bildrändern steht je ein mit Spielsachen reich geschmückter Weihnachtsbaum. Der linke Baum mit Pferdewagen, Harlekinfigur als Hampelmann, Trommel, Säbel, Peitsche, Gewehr, Steckenpferd, Tasche und Pickelhaube ist für einen Jungen, der rechte für ein Mädchen bestimmt: Springteufel, Ballnetz und zwei Puppen hängen an diesem Baum. Auch den unteren Bildrand hat Kepler mit Spielsachen bestückt: Links stehen Soldaten neben einer Kanone und einem Wachhaus, rechts fünf Tierpaare, die zu der Arche Noah in der Mitte gehören.

Viele der hier genannten Gegenstände sind auch auf dem Deckblatt abgebildet. Auf den Bildern sieht man, wie Engel, Knecht Ruprecht und das Christkind für Weihnachten vom ersten Dezember an mit vielen Arbeiten beschäftigt sind: Sie holen die Himmelspost ab, schmücken Weihnachtsbäume und reparieren Spielzeug. In den von den Engeln vorbereiteten Spielsachen finden sich Trommel, Säbel, Gewehr, Ball, Hampelmann, Puppen, Soldaten und Pferdefuhrwerk der Rahmenillustration wieder. Zum Teil nimmt auch der Inhalt der Verse Bezug auf das im äußeren Rahmen Dargestellte. Zusammen mit der neu dazugekommenen Eisenbahn, der Puppenküche, der Schäferei und dem Schaukelpferd ist es ein großer Teil des um die Jahrhundertwende üblichen Spielzeugs.

Die Engel sind wie Kinder gezeichnet und nur durch ihre Flügel als himmlische Wesen zu erkennen. Es gibt unter ihnen Jungen und Mädchen verschiedenen Alters mit individuellen Frisuren und Kleidern. Einer trägt „das schöne Bilderbuch vom garstigen Struwwelpeter", das von einem anderen Engel illustriert wird. Am 23. Dezember fährt ein Engel die fertigen Geschenke in einem Schlitten „vom Himmel hoch herab", und am nächsten Tag klebt das Kind das letzte und zugleich größte Bild in die Mitte des Kartons: Das Christkind steht vor einem geschmückten Weihnachtsbaum, ein Engel läutet mit einer Glocke. Es ist als mädchenhafte Gestalt mit langen blonden Haaren, Heiligenschein, weißem langen Hemd mit Sternenmuster dargestellt. Diese Figur begegnet uns am 24. Dezember in vielen Adventskalendern von RLM wieder, als die im süddeutschen Raum verbreitete Vorstellung vom Gabenbringer, die sich von der in Norddeutschland vorherrschenden des Weihnachtsmannes unterscheidet.

In den ersten Adventskalendern gibt es die Gestalt eines Weihnachtsmannes noch nicht. Am 6. Dezember erscheint ein alter Mann mit weißem Bart, pelzverbrämter Mütze, langem dunklen Mantel, Rute und Gabensack, der im dazugehörigen Vers „Knecht Ruprecht" genannt wird.

Bei „Im Lande des Christkinds" hat Richard Ernst Kepler jedes der nur wenige Zentimeter großen Bilder bis ins Detail hin ausgestaltet. Er berücksichtigt jede Falte, jeden Schatten und neigt nur in den Hintergründen zu größeren, in sich verschwommenen Farbflächen. Der Rahmen und auch die 24 Felder sind voller Einzelheiten und laden die Kinder ein zum längeren Betrachten.

Die dargestellten Szenen und Gegenstände nehmen direkt oder indirekt Bekanntes auf: ‚Himmelspost' und die ‚Bäckerei des Himmels' mit fleißigem Christkind und emsigen Engeln als Helfer gab es zuvor und gleichzeitig in den Kinderbüchern und Jugendzeitschriften. Auch im Spielzeug erkannten die Kinder viel Vertrautes wieder, das sie zum Teil schon besa-

Abb. 12
Richard Ernst Kepler
Aquarell zu
„Im Lande des Christkinds"
Verlag Reichhold & Lang
München 1908
24 × 31

ßen oder sich noch wünschten. Die Einrahmung der 24 Motive von zwei Weihnachtsbäumen, die ganze Rahmengestaltung erinnert an die Weihnachtsbriefe des 19. Jahrhunderts, und selbst die Kombination von Bildern mit Versen war den Kindern damals längst vertraut. Die „Münchner Bilderbogen" von Wilhelm Busch verbanden ähnlich unterhaltsam-belehrend Illustrationen mit Text. Von den Bilderbogen her kannte man auch solche zum Ausschneiden und Kleben, so daß auch die Handhabung dieses Adventskalenders auf schon Bestehendes zurückgreifen konnte. Wenn man nun noch die erste Seite des ab 1906 unter diesem Titel erscheinenden „H. Scheiber's Münchener Weihnachts-Kalender" (Abb. 13) betrachtet und annimmt, daß Gerhard Lang diese kostenlose Beigabe des „Münchener Stadtanzeigers" kannte, muß vollends der Eindruck entstehen, alles an dem ersten Adventskalender sei schon bekannt, nichts neu gewesen.

Gerhard Lang und Richard Ernst Kepler verstanden es aber, gerade das Traditionelle mit dem Neuen zu verbinden. Der vertraute Malstil, die bekannten Szenen und Gegenstände, die gewohnte Rahmengestaltung und die lustigen Verse sprechen jenen konservativen Geschmack an, der damals wie heute Erfolg hat. Mütter kaufen Adventskalender, und ihnen muß das Bild gefallen. Bei „Im Lande des Christkinds" konnten sie sich leicht in ihre eigene Kindheit zurückversetzt fühlen.

So viele Ähnlichkeiten Langs „Weihnachts-Kalender" im Äußeren mit Ausschneidebogen, Weihnachtsbriefen, Illustrationen von Kinderbüchern haben mochte, das ausgesprochen Neue bestand im Gebrauch. Hier wurde erstmals für Kinder etwas angeboten, was nur auf die 24 Tage vor Weihnachten bezogen ist. Lang ordnet jedem Tag eine bestimmte Szene und eine kleine Geschichte zu. Die Bilder Keplers zeigen ausschließlich Motive und Dinge, die

auf das Weihnachtsfest und dessen Vorbereitung Bezug nehmen. Sinn dieses „reizenden Spielzeugs" sei es, den „Kindern das lange Warten auf das Fest zu verkürzen", wie es in einem Prospekt von RLM heißt. Im täglichen Schneiden, Betrachten, Lesen und Kleben werden die Kinder auf den Heiligen Abend vorbereitet, und die Spannung wird gesteigert: durch einzelne Motive – wie die in Aussicht gestellten Spielsachen – und durch eine in den Bildern und im Text herrschende Stimmung. Es geht geheimnisvoll zu, alle – auch im Himmel – haben viel zu tun, und die Kinder müssen deshalb brav sein und sich das Weihnachtsfest verdienen. Beim vierten Vers von „Im Lande des Christkinds" ist der erhobene Zeigefinger ganz offenkundig:

„Heut fliegen aus dem Himmelshaus
Gar viele tausend Engel aus.
Sie sind vom Christkind ausgesandt
Und fliegen durch das ganze Land,
In Dorf und Stadt, husch wie der Wind,
Sehn, ob die Kinder artig sind.
Darum sei lieb, damit sie droben
Im Himmel dich beim Christkind loben."

An Keplers Illustrationen fällt auf, daß er das „Land des Christkinds" besonders anschaulich zeichnet: Es wimmelt nur so von Engeln, Christkindern und Knecht Ruprechts, von Spielzeug und Weihnachtsvorbereitungen. Die Bildgeschichte enthält aber gleichzeitig eine gewisse Offenheit und regt so die Phantasie der Kinder an.

Die Engel und das Christkind holen die Wunschbriefe und erfüllen die kindlichen Wünsche. Sie sind es, die das Spielzeug herrichten, auswählen, verpacken und dann auch bringen. Damit wird das Geschenkekaufen der Erwachsenen auf überirdische Wesen übertragen und verklärt. So wundert es nicht, daß die Erwachsenen in dieser, von ihnen selbst erdachten Vorstellungswelt nicht vorkommen. Aber auch die Kinder fehlen in den Bildern. Die Verse sprechen oft von und zu ihnen, doch haben auch sie nicht teil an dieser geheimnisvollen Himmelswelt. Sie dürfen lediglich 24 Tage lang das ihnen sonst Verschlossene betrachten. Was bei Richard Ernst Kepler vielleicht anfing, nämlich die vielfältige Gestaltung einer vermenschlichten, niedlichen Himmelswelt, hat bis heute in eine große Zahl von Adventskalendern Eingang gefunden.

Gerhard Lang tat gut daran, die ganz neue Idee eines gedruckten Zeitmessers für die Wochen im Advent von einem erfahrenen Künstler in nicht zu moderner Art entwerfen zu lassen und dann nach gewohnten Mustern zu gestalten. Möglicherweise hatte sich „Im Lande des Christkinds" (und alle folgenden Ausgaben) deshalb innerhalb weniger Jahre so erfolgreich durchgesetzt, weil Lang die richtige Mischung zwischen Bekanntem und Neuem getroffen hatte.

Verschiedene Ausgaben:
die Wiederholung des Erfolges

„Im Lande des Christkinds" erschien innerhalb dreier Jahrzehnte in acht verschiedenen Ausgaben, die zum Teil auch gleichzeitig zu haben waren. Gerhad Lang schuf – als guter Geschäftsmann – durch gezielte Werbung und Neuheiten immer wieder einen Markt für sein Produkt und machte sich geschickt das Verlangen der Käufer zunutze, von jeder neuen Sache das jeweils erste Exemplar besitzen zu wollen. Der erste Adventskalender taucht in allen Prospekten in einer oder mehreren Ausführungen auf, und sogar die letzte Bestelliste von RLM aus dem Jahre 1938 enthält ihn unter der Nummer 401 als „Jubiläumsausgabe in Gold".

Lang dachte sich bald zu der ersten „farbigen Rückwand mit 24 rückseitig gummierten Aufklebeschildern" eine „Rückwand mit Abreißblock" (Abb. 15) aus. Die Motive folgen hier aufeinander und sind nicht mehr gleichzeitig zu sehen. Kepler hatte hierfür

die Einzelbilder und den Rahmen geringfügig überarbeitet und das Titelblatt sowie die Kalenderrückwand um dieselbe wirkungsvolle Szene erweitert: Sie zeigt ein vor einer Doppeltüre wartendes Mädchen, das vom Christkind in das Weihnachtszimmer gelassen wird, wo im Hintergrund schon die Kerzen am Christbaum angezündet sind. Zu diesem Abreißkalender – in zwei Größen zu verschiedenem Preis erhältlich – gab es ein „Bilder-Album", in welches die Kalenderblätter an die bezeichneten Stellen über die Verse geklebt wurden (Abb. 14).

Wie sehr Keplers Motive die Kinder ansprachen und wie lange die Szene im Gedächtnis blieben, geht aus dem folgenden Briefausschnitt hervor: Irmgard von Koskull (*1932) erinnert sich nach über fünf Jahrzehnten an die oben genannte Ausgabe von „Im Lande des Christkinds". Weil bereits alle Einzelbilder in das Album eingeklebt worden waren – der ältere Bruder hatte den Adventskalender bekommen und schon benutzt –, wurden nur die Verse vorgelesen:

„Unser Adventskalender war ein kleines Buch . . . Seit ich mich erinnern kann, kam der Adventskalender zu jedem ersten Advent wieder. Er durfte ‚ganz vorsichtig' angestaunt werden, und vor dem Abendgebet wurde der Vers des jeweiligen Tages vorgelesen. Wie lange der Kalender benutzt wurde, kann ich nicht so genau sagen, er war zum Schluß mehrfach geklebt, bis 1943/44 hatten wir ihn sicher noch.

Wir hatten außerdem jeder einen Kalender mit Türchen zum Öffnen . . . Diese Türchenkalender waren schön, wichtig aber war der Münchner Adventskalender.

Es war ein braunes Büchlein und wahrscheinlich war ein Teddy vorne darauf. Auf der Innenseite des rückseitigen Deckels war das kleine Mädchen, das schon ins Weihnachtszimmer sehen durfte.

Mir gefielen die Bilder mit Puppen, Puppenküche und Bäckerei naturgemäß am besten. Mein Bruder liebte

Abb. 13
Titelseite von
„H. Scheiber's Münchener Weihnachtskalender"
München 1909

Abb. 14
Richard Ernst Kepler
„Im Lande des Christkinds"
Titel des Einklebealbums
Verlag Reichhold & Lang, Nr. 403
München, um 1925. 19 × 25

besonders die Engel, die vom Christkind zur Erde geschickt wurden."

1935 feierte RLM den über 25 Jahre zurückliegenden ersten Druck des Adventskalenders „Im Land des Christkinds" mit der „Jubiläumsausgabe in Gold" (Abb. 19). Gegenüber Keplers Aquarell und den danach entstandenen Ausgaben (Abb. 12) hatte sich nun einiges verändert: Das Militärspielzeug war aus Rahmen und Einzelmotiven verschwunden, und statt des „Bleisoldaten-Generals" vom 10. Dezember fand „Freund Petz, der liebe Bär" einen Platz zwischen Puppen und Tieren. Lang aktualisierte damit seinen Adventskalender mit einem inzwischen schon sehr beliebten und auch noch gar nicht so alten Spielzeug.

Abb. 15
Richard Ernst Kepler
„Im Lande des Christkinds"
Leere Blockrückwand des Abreißkalenders
Verlag Reichhold & Lang, Nr. 402
München, um 1927
26,5 × 18

Im eigens zu diesem Anlaß verfaßten Gedicht, das auf der Rückseite abgedruckt ist, spricht Gerhard Lang durch den Adventskalender zu den Kindern. Er gibt darin vor, der Kalender stamme direkt vom Christkind und stelle einen „alten, liebgewordenen Brauch" dar:

„Zur Jubiläumsausgabe

Fünfundzwanzig Jahre sind vergangen
Seit das Christkind mich zum erstenmal
Zu euch hat gesandt in dem Verlangen
Zu verkürzen euch des Wartens Qual.

Und die langen Tage, die noch fehlen,
Bis sie endlich naht, die heilige Nacht,
Hab' ich euch gelehrt, an mir zu zählen
– Einen um den andern – mit Bedacht.

Ihr, die damals ungeduldig harrten
Und sich freuten an des Christkinds Huld,
Lehrt den e i g n e n Kindern heut das Warten,
Meistern ihre liebe Ungeduld.

Heut die Jungen – gestern noch die Alten –
Morgen, hoffen wir, die Enkel auch,
Lasset fernerhin uns treulich halten
an dem alten, liebgewordnen Brauch.

Bei allen acht Ausgaben blieben Titel, Verse und Motive weitgehend gleich. Was sich änderte, waren die Handhabung (zum Ausschneiden oder zum Abreißen und Einkleben), die Formate (von 16 × 8 bis 24 × 31 cm) und die Preise (RM –,30 bis RM –,60). So wurde versucht, alle Käuferschichten zu erreichen. Die geringfügige Variation des von Richard Ernst Kepler gezeichneten Bildervorrats brachte immer wieder etwas andere Ausgaben hervor, die neuen Anreiz zum Kauf gaben und dem Verlag die Kosten für einen Neuentwurf ersparten.

Auch bei den anderen Adventskalendern behielt Lang diese Praxis bei, verschiedene Größen zu unterschiedlichen Preisen anzubieten. Die Vielfalt und Vielzahl dieser Exemplare erreichte aber nie jene, die „Im Lande des Christkinds" so auszeichnet.

Abb. 16
Titelblatt des Adventskalenders
für blinde Kinder
mit den Versen von
„Im Lande des Christkinds"
Leipziger Blindendruckerei
um 1930
22,7 × 18

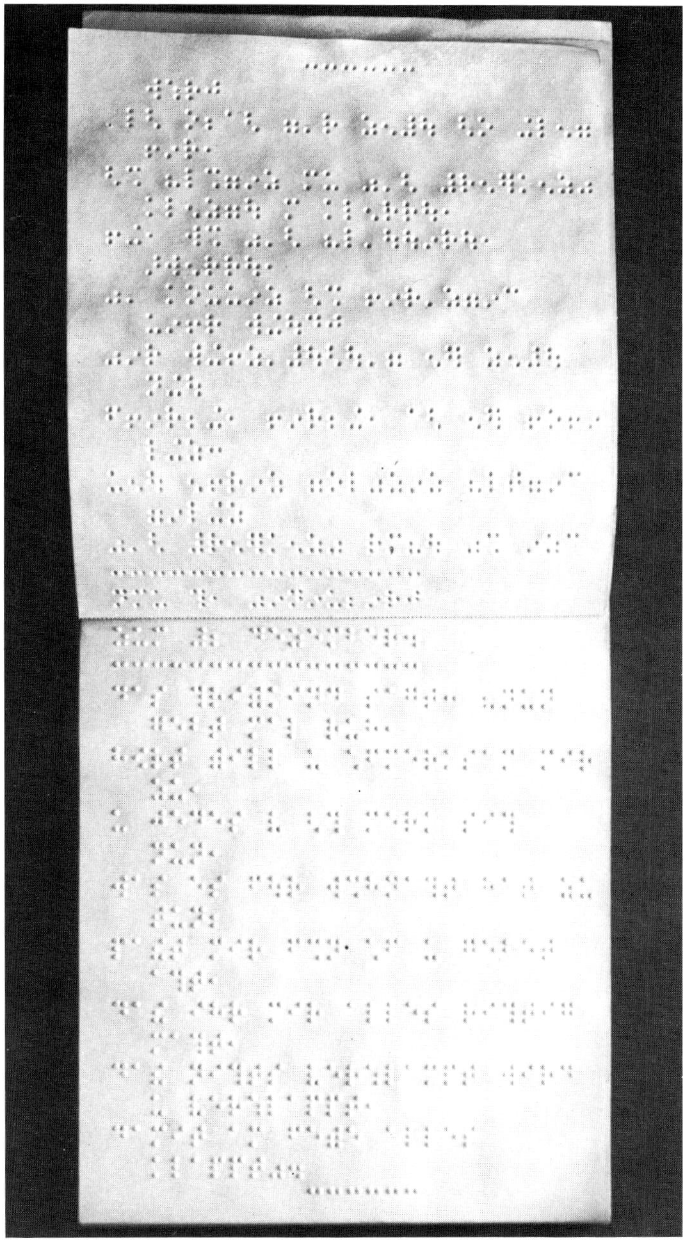

Eine ganz ungewöhnliche Ausgabe von „Im Lande des Christkinds" erschien in der Leipziger Blindendruckerei. Jedes Blockblatt dieses Abreißkalenders enthält unter der Überschrift „Zum . . . Dezember" einen der Langschen Verse in Blindenschrift (Abb. 17).

Auf einem eingeklebten Beiblatt steht folgender Text:

„Für unsere Kleinen soll der Münchener Weihnachtskalender ‚Im Lande des Christkinds', Verse von Gerhard Lang, eine besondere Freude bringen! Auch das blinde Kind soll durch ein tägliches Verschen vom 1.–24. Dezember in Erwartung des Christkinds stehen! Der erste Weihnachtskalender der sehenden Kinder soll auch der erste Weihnachtskalender der blinden Kinder sein! 24 Verse zum Abreißen   RM 1.75"

Es ist die Fassung, bei der die Soldaten noch nicht durch den Teddybären ersetzt worden sind. Auf dem Titelblatt konnten die blinden Kinder die Umrißlinie eines ungeschmückten stilisierten Tannenbaumes abtasten (Abb. 16).

Abb. 17
Gerhard Lang
Verse zu „Im Lande des Christkinds"
Innenseiten des Adventskalenders für
blinde Kinder
Leipziger Blindendruckerei
um 1930
22,7 × 18

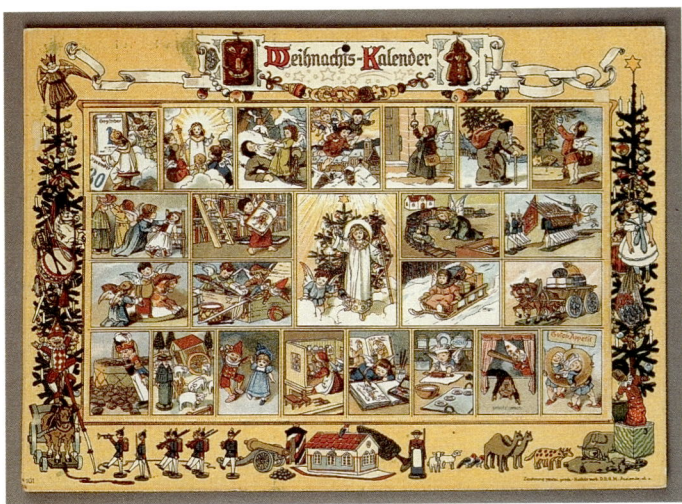

Abb. 18

Richard Ernst Kepler
„Im Lande des Christkinds"
Abb. 18 Rückwand mit aufgeklebten Einzelbildern
München, um 1920 (17,7 × 23,7)
Abb. 19 „Jubiläumsausgabe in Gold"
München 1935 (24 × 31)
Verlag Reichhold & Lang, Nrn. 101, 401

Abb. 19

„Namhafte Künstler"
entwerfen Adventskalender

Von Richard Ernst Kepler zu Dora Baum

„Die Münchener Advents-Kalender – überhaupt die ersten ihrer Art – zeichnen sich dadurch aus, daß sie nach Entwürfen namhafter Künstler gearbeitet sind, das Gemüt des Kindes besonders ansprechen und so recht den Zauber der bevorstehenden Weihnacht verbreiten. Sie sind farbenprächtig ausgeführt, gediegen ausgestattet und bleiben unerreicht in ihrem Ideenreichtum und ihrer Abwechslung."

Mit diesen Worten beschreibt Gerhard Lang in dem Prospekt von 1938 das Typische seiner Adventskalender. Wenn es sich hier auch um einen Werbetext handelt, der das eigene Produkt so vorteilhaft wie möglich darstellt, trifft das dort Gesagte doch weitgehend zu. Neben der aufwendigen Verarbeitung und den verschiedenartigsten Handhabungen ging es Lang besonders um gute Entwürfe. Schon für die Plakate waren bei RLM bekannte Graphiker verpflichtet worden, und auch bei den Adventskalendern beschäftigte man anerkannte Zeichner, meist aus dem Bereich der Kinderbuchillustration.

Langs Idee, mit „Entwürfen namhafter Künstler" das „Gemüt des Kindes besonders an(zu)sprechen", steht in der Nachfolge der Theorie Hans Wolgasts (1860–1920). Um die Jahrhundertwende hatte er für die Kinder- und Jugendliteratur einen „kindgerechten" Stil gefordert und war für eine bessere Qualität in Text und Bild eingetreten. Dieses Postulat wirkt bei RLM noch nach, wie auch in anderen zeitgenössischen Firmen, wenn es heißt: Für die Jugend ist das Beste gerade gut genug.

Gerhard Lang erkannte von Anfang an, welchen Anteil am Erfolg eines Adventskalenders die Qualität des Entwurfes hat und welchen Wert gute Illustratoren für einen Verlag besitzen. In den Firmenprospekten wird deshalb bei jedem abgebildeten Adventskalender der Name des Zeichners genannt, und auch die gedruckten Exemplare tragen meist den Namen oder die Signatur des Illustrators.

Insgesamt sind neun Künstler bekannt, die für Gerhard Lang Adventskalender entworfen haben: Dora Baum, Elsa Schnell-Dittmann, Felix Elssner, Richard Ernst Kepler, Charlotte Knackfuß, Karl M. Lechner, Josef Mauder, Oberle und Else Wenz-Viëtor.

Jeder von ihnen hat einen eigenen Stil, und Gerhard Lang scheint seine Illustratoren in der Art des Zeichnens wie auch bei der Wahl der Themen nicht wesentlich beeinflußt zu haben, so charakteristisch sind alle Motive für den, der sie entwarf.

Dem Angebot an Adventskalendern kam der individuelle Ausdruck von neun Illustratoren sehr zugute: Es reichte von (spät-)nazarenischen Elementen bei Kepler und Elssner, über stilisierte Blüten und Tiere bei Oberle bis zu schwarzen Umrißzeichnungen mit bunter Füllung bei Baum und Schnell-Dittmann. Auch hier, wie schon bei den verschiedenen Ausführungen, werden mit der angebotenen Vielfalt alle Käufer angesprochen. Je nach Geschmack konnten sie wählen zwischen dem eher konservativen Malstil eines Richard Ernst Kepler und dem moderneren Duktus einer Dora Baum.

Josef Mauders „Peter und Liesel"

Josef Mauder war einer dieser „namhaften Künstler", die Gerhard Lang für Adventskalenderentwürfe gewinnen konnte; neben Else Wenz-Viëtor gehört er zu den bedeutendsten. Um 1913 zeichnete Mauder den dritten bei RLM erschienenen „Münchener Weihnachts-Kalender"; es blieb bei dieser einzigen Zusammenarbeit.

Bei Josef Mauder kann man – dank vorhandener Quellen – die künstlerische Prägung und Entwicklung in seinem Werk gut nachvollziehen. Das ist bei Graphikern, die Anfang dieses Jahrhunderts tätig waren, selten der Fall. Die gute Ausgangsbasis legt es nahe, seinen Adventskalender stellvertretend zu betrachten für alle anderen „Künstler-Entwürfe", die Gerhard Lang herausbrachte. Außerdem beginnt bei „Peter und Liesel" in Text und Bild eine Entwicklung, die in die nachfolgenden Exemplare hineinwirkt.

Josef Mauder wurde 1884 in München geboren, wo er auch bis zu seinem Tod 1969 lebte. Nach einer dreijährigen Glasmalerei-Lehre besuchte er die Münchner Kunstgewerbeschule und lernte bei Maximilan Dasio. Wahrscheinlich vermittelte ihn dieser an den Verleger Carl Schnell weiter.

Schon 1904 brachte der erst zwanzigjährige Mauder hier ein Buch heraus, mit dem ihm der Durchbruch gelang. Schnell ließ ihn das Werk „Schöne alte Kinderreime" mit Bildern ausstatten; der Herausgeber war kein geringerer als Hans Wolgast. Dieser bezieht sich in seinem „Vorwort an die Mütter" auch auf Mauders Illustrationen und charakterisiert dessen Stil:

„Und zwischen diese alten Schätze hat nun der Maler den bunten Schein neuer Kunst gestreut. Die schönen Farben werden ohne weiteres zum Kinde sprechen. Auch der drollige Humor der Zeichnung wird ihm nicht verschlossen sein." (Wolgast, 4)

Der Erfolg dieser Ausgabe war so groß, daß Mauder 1906 auch Wolgasts „Fabeln" ausschmückte. Beide Bände weisen eine starke Prägung durch die „neue Kunst", den Jugendstil, auf; gleichzeitig kündigt sich schon der – wie Wolgast ihn nannte – „drollige Humor" an, der in späteren Werken noch stärker zum Ausdruck kommt.

In den Jahren von 1903/04 bis etwa 1915 erscheinen in Schnells „Jugendblättern" hunderte von Zeichnungen

Mauders. In manchen Heften tragen fast alle Illustrationen seine Signatur. Gleichzeitig arbeitet er an „Münchener Künstler-Bilderbüchern" für Georg W. Dietrich, stattet die „Bayerische Fibel" aus und illustriert zahlreiche Bilderbücher für große Verlage, eine Tätigkeit, die ihn bis in seine letzten Lebensjahre erfüllen wird.

Die genannten Werke waren besonders für Kinder bestimmt. Josef Mauder zeigt sich in diesen Jahren auch als Meister im Illustrieren von Humoresken für Erwachsene. Er betätigt sich als Sportkarikaturist und veröffentlicht in den „Meggendorfer-Blättern. Zeitschrift für Humor und Kunst" eine Vielzahl von Cartoons. Das Titelblatt dieser Zeitschrift vom 18.12.1913 (Abb. 21) ist eine von vielen Illustrationen Mauders zu weihnachtlichen Themen. Pausbäckige Engel mit kurzen Flügeln und lustigen Gesichtern schweben aus einer Wolke herab. Sie tragen Geschenke und kleine Weihnachtsbäume in Holzständern.

Fast identische Bildelemente treffen wir bei Mauders für RLM entworfenem Adventskalender „Wie Peter und Liesel das Christkind suchten" wieder an, so daß man diesen mit großer Wahrscheinlichkeit auf dieselbe Zeit (um 1913) datieren kann.

„Peter und Liesel", so der verkürzte Titel, ist ein Adventskalender mit Abreißblock und dazugehörigem Album, in das die Tagesbilder geklebt werden (Abb. 20). Er erscheint noch in der Bestelliste von 1938 und in allen früheren Prospekten, weshalb man einen durchgehenden Verkauf annehmen kann. Auch von dieser Ausgabe wurden vier verschiedene Ausführungen zu unterschiedlichem Preis angeboten.

Josef Mauder zeichnete die Bilder und dachte sich auch die Geschichte aus, die auf der Rückseite der Blockblätter und in dem dazugehörigen Album abgedruckt ist. Sie erzählt von den Geschwistern Peter und Liesel und ihrem Wunsch, „das Christkind" zu

finden. Sie machen sich im Bild zum 1. Dezember auf den Weg, fragen bei den Tieren nach und kommen zum „Sandmann". Dort schlafen sie ein und träumen von den Gestalten im Himmel und davon, daß sie an den Weihnachtsvorbereitungen teilhätten. Weil sie verbotenerweise in eine Engelswerkstatt schauen, werden sie von „St. Peter" ermahnt. Zur Strafe schickt er „Blondchen", den Engel, der sie begleitete, zurück auf die Erde. Am 24. Dezember, als Peter und Liesel vom „Sandmann" zurückgekehrt sind, liegt dieser Engel als „Brüderchen Blondchen" unter dem Weihnachtsbaum.

Das „ganz köstliche Vorweihnachtsmärchen voll Poesie und Humor des bekannten Dichtermalers", so die Inhaltsangabe von einem RLM-Prospekt, trägt viele märchenhafte Züge: Schon der Beginn („Es waren einmal zwei Kinder") läßt diesen Ton aufkommen, der durch die ungewöhnlichen Erlebnisse von Peter und Liesel noch verstärkt wird. Mauder spielt in manchen Einzelheiten der Bilder und des Textes auf bekannte Märchen an, und er läßt einen beträchtlichen Teil solcher Figuren auftauchen, die den Kindern aus diesem Bereich bekannt sind: Er zeichnet „St. Nikolaus", den „Sandmann", eine Schnee schüttelnde „Frau Holle", die „goldene Straße", die in den Himmel führt, und eine „Himmelswiese" mit „Schäfer Mond" und „Sternen-Schäflein". „Frau Sonne" sitzt im Lehnstuhl, die Engel malen Blumen an und arbeiten in „Christkindleins Puppenwerkstatt" und „Christkindleins Weihnachtsbäckerei" (vgl. Bild zum 20.12., Abb. 22) an den Geschenken und dem Gebäck für Weihnachten. Auch „St. Peter" und „der Klapperstorch" kommen vor.

All diese, von Erwachsenen für Kinder ersonnenen Gestalten und Motive zitiert Mauder, und die Jungen und Mädchen, die diese Bilder betrachteten, werden ihre Freude im Wiedererkennen des Bekannten gehabt haben. Das Neue an Mauders Art der Darstellung besteht aber darin, daß er diese vertrauten Themen zwar benützt, sie aber doch gleichzeitig schon im Gebrauch ironisiert: „St. Nikolaus" trägt einen bademantel-ähnlichen, hellgrünen Umhang mit gelben Punkten; das „Sandmännlein" ist „so runzelig, daß es wie ein vertrocknetes Birnlein aussah"; der „Schäfer Mond" zieht an einer „Nebelpfeife", und „Frau Sonne" muß „Fliedertee" zum Schwitzen trinken, weil sie sich im „nassen Sommer" erkältet hat. Besonders die Mauderschen Engel haben alles Überirdisch-Schöne verloren. Es sind fast häßlich zu nenende, pausbäckige Kleinkinder, die ganz nackt oder kaum bedeckt durch die Bilder gehen; sie lassen sich auf Verbotenes ein und verlieren dann ihre – ohnehin nur wie angesteckt wirkenden – Flügel und den Heiligenschein, der gerade noch die Kochmütze geschmückt hatte (vgl. Bild zum 20.12., Abb. 22).

Josef Mauder trägt mit dieser Ironisierung zu einer Vermenschlichung der Himmelswelt bei. Wenn man an Keplers „Land des Christkinds" zurückdenkt, mit den vorbildhaft fleißigen Engeln in ihren schönen Kleidern und dem strahlenden Christkind, dann ist hier nicht mehr viel davon zu erkennen. Die Engel sind eher komisch, und das Christkind kommt nur noch auf der Blockrückwand und dem Albumtitel als etwa dreijähriges Mädchen mit Zöpfen und Ringelstrümpfen vor (vgl. Abb. 22). Peter und Liesel haben es im Himmel gar nicht angetroffen; am 24. Dezember liegt bei ihnen zu Hause ein anderes Christkind unter dem Weihnachtsbaum: der neugeborene Bruder.

In den Bildern und in den Geschichten fehlt jede religiöse Dimension im engeren Sinne. Es herrscht aber immer eine freudig-versöhnliche Stimmung.

Josef Mauder hat in „Peter und Liesel" schon sehr früh vorweggenommen, was für nachfolgende Adventskalender bis heute gilt: Das Religiöse und Belehrende tritt in den meisten Fällen zurück gegenüber unterhaltenden Momenten, die nichts mehr mit den christlichen Inhalten des Festes zu tun haben. Diese Entwicklung hin zum Profanen muß nicht einhergehen mit Qualitätseinbußen; sie bildet auf einer anderen Ebene ab, was mit dem Weihnachtsfest und seiner Sinngebung geschehen ist.

Im Malstil trifft Mauder jenes Mittelmaß zwischen Abstraktion und Detailtreue, das sich in den Adventskalendern nach ihm zum großen Teil wiederfindet. Seine Einzelbilder sind von einer festen Umrißzeichnung geprägt, die mit wenigen Farben flächig ausgefüllt wird. Mauder setzt nur einen Teil des im Text Erzählten bildlich um, so daß der kindlichen Phantasie genug Raum bleibt, sich den Rest vorzustellen. Er verliert sich nie im Detail oder in einem besonders genau ausgestalteten Hintergrund, sondern beschränkt sich in der Darstellung vor allem auf die Figuren. Bei aller Abstraktion bleiben genügend Bildelemente erhalten, die das Auge längere Zeit fesseln und den besonderen Witz in den Zeichnungen erkennen lassen.

Verschiedene Motive

In der lithographischen Kunstanstalt „Reichhold & Lang" kamen in den Jahren von 1908 bis 1938 etwa dreißig verschiedene Adventskalender in über vierzig Ausführungen heraus. Verglichen mit heutigen Zahlen mag das wenig sein, für die damalige Zeit jedoch war es sehr viel. Gerhard Lang hatte mit Schwierigkeiten zu kämpfen, als er seine „Erfindung" in den ersten Jahren auf den Markt brachte. In diesen drei Jahrzehnten lagen ein Weltkrieg und mehrere Wirtschaftskrisen, die den Verkauf eines nicht gerade lebensnotwendigen Gegenstandes wie des Adventskalenders zurückgehen ließen.

Die dreißig verschiedenen Exemplare stehen für die gleiche Anzahl sehr unterschiedlicher Motive und für neun Arten der Handhabung. Mit diesem Sortiment ist eine Vielfalt im Kleinen gegeben, die später nicht mehr erreicht worden ist.

„Die Krippe" und „Christkindleins Festzug"

Um die Breite im Angebot an Motiven bei RLM deutlich zu machen, sollen zwei ausgewählte Exemplare betrachtet werden. Sie markieren inhaltlich wie zeichnerisch zwei Positionen, wenn nicht Extreme im Sortiment dieses Verlages.

„Die Krippe" wurde um 1920 von Richard Ernst Kepler entworfen; „Christkindleins Festzug" von Dora Baum erschien 1935 unter den „Neuheiten" im Firmenprospekt. Kepler und Baum waren die beiden Illustratoren, die am meisten für RLM gearbeitet haben: Kepler gestaltete die Anfangsphase entscheidend mit seinen sechs Entwürfen, Dora Baum bestimmte das Erscheinungsbild der dreißiger Jahre mit über zehn Motiven.

Abb. 22
Josef Mauder
„Peter und Liesel"
aufgeschlagene Albumseiten
mit eingeklebten Bildern
Verlag Reichhold & Lang, Nr. 303
München, um 1920
18,5 × 24

An der nächsten Türe hörte man es rauschen und knistern wie von feiner Seide und als sie durch eine Ritze guckten, ei, da schlug dem Lieserl das Herz vor Freud. Es war Christkindleins Puppenwerkstatt. Hier wurden Bäckchen und Äuglein gemalt, dort Löckchen gebrannt, da gabs Röckchen und Blüschen, Schürzen und Strümpfe, Mieder und Bänder, Hütchen und Blumen.

Aber das Englein drängte, „wir müssen weiter!" (Zu Bild 19.)

Wie sie nun weiter gingen, kam ein gar lieblicher Geruch aus einer Tür nach Marzipan und Butterteig, nach Zimmtplätzchen und Mandeltörtchen.

Das war Christkindleins Weihnachtsbäckerei, da wurde geknetet und gewalkt, geformt und ausgestochen, gebraten und gebacken, daß es eine Freude war.

Was machten sie da für Augen und ganz platt drückten sie sich die Nasen an der Tür. (Zu Bild 20.)

Pardauz, da ging die Türe auf und Liesel und Peter und Blondchen purzeln über den kleinen Bäckerengel, der ein großes Blech mit knusperigen Zuckerkringeln trägt. Da lag nun die Bescherung; ach wie schämten sie sich, alle drei.

Die Zuckerkringel aber kollerten durch den Himmel bis an St. Peters Tür. Der saß da und putzte seine Schlüssel, als ihm wie von ungefähr eine Zuckerkringel an die Füße rollt „habe mirs doch gedacht, daß die drei an die verbotenen Türen gehn", sagte er, zieht ein paar große Rauchwolken aus seiner Pfeife und geht nachzuschauen, was für Unglück angestellt sei. (Zu Bild 21.)

Da gabs ein Donnerwetter, die drei Sünder standen da wie getaufte Mäuse, das kleine Englein mußte seine schönen Flüglein abgeben und wurde aus Strafe zum Klapperstorch geschickt; der aber erhielt den Auftrag, den kleinen Sünder schleunigst auf die Erde zu bringen.

Als Peter und Liesel St. Peter recht bettelten, wurde dem Klapperstorch die Adresse ihrer Eltern umgehängt, denn die wollten schon lange ein Brüderlein, da lachten alle drei unter Tränen und torkelten zum Himmel hinaus. Da war aber nun guter Rat teuer, denn nirgends war der goldene Himmelsweg zu finden; da es schon spät wurde, setzten sie sich auf eine schöne, runde Wolke und rutschten zur Erde hinunter. (Zu Bild 22.)

„Die Krippe"

„Die Krippe" ist als „Abreißkalender zum Ausschneiden und Kleben" gedacht. Was in den Prospekten unter diesem Begriff aufgeführt wird, meint Adventskalender bei denen von einem Block in der unteren Bildmitte täglich ein Blatt abgetrennt, die Figur ausgeschnitten und auf die durch eine gestrichelte Umrißlinie bezeichnete Stelle geklebt wird.

Von diesem Adventskalender fand sich im Nachlaß kein gedrucktes Exemplar mehr; dafür sind aber die Aquarelle Keplers erhalten (Abb. 23). Sie zeigen die zwei Zustände des Kalenders: die völlig leere Landschaft, wie sie am 6. Dezember, dem Beginn, aussieht und die vollständige Szene, wenn am 24. Dezember alle Figuren und Tiere eingeklebt worden sind. Die zunächst noch leere Landschaft hat sich Tag für Tag um eine weitere Figur gefüllt, und die Kinder sind im Basteln den Weg Josefs und Marias hin zum Stall gleichsam mitgegangen.

Kepler versetzt das Geschehen der Heiligen Nacht in eine hiesige Landschaft mit Nadelbäumen und Rosenstrauch. Ein Weg führt von einem angedeuteten Haus vorbei an einer Quelle zu einem Stall mit Futterkrippe. Am Anfang des Weges (links unten) beginnt Kepler mit der Verkündigung Mariens: Ein großer weißgewandeter Engel steht vor Maria und grüßt sie mit erhobener rechter Hand; in der linken hält er eine weiße Lilie. Unterhalb dieser Szene steht Josef an einer Hobelbank und arbeitet. Rechts davon sind beide schon unterwegs; Josef trägt ein Bündel geschultert, Maria reitet auf einem Esel. Die etwas oberhalb von ihnen stehenden Hirten mit ihren Schafen gehören von Bewegung und Gesichtsausdruck her schon zu der dritten Szene, die sich im Stall abspielt. Dort liegt das Jesuskind auf Heu gebettet in der Futterkrippe, Maria sitzt zur Linken, Josef steht rechts davon. Ein Ochse und ein Esel haben unter dem herabgezogenen Dach Platz gefunden. Auf den Holzbalken des Daches sitzen puttenhafte Engel, die singen und musizieren. Von dem sechszackigen Stern in der oberen Bildmitte geht ein langer Strahl nach unten aus, der fast bis auf das Neugeborene trifft.

Richard Ernst Kepler bedient sich hier der in Bibel und Apokryphen begründeten, traditionellen christlichen Symbolik. Die bekannten marianischen Bildzeichen treten verstärkt auf: das Spinnrad, an dem sie das purpurne Garn für den Tempelvorhang spinnt, die Quelle vor einem blühenden Rosenstrauch – Motive des Hohen Liedes – und ihr weißes Kleid mit blauem (Himmels-)Mantel bei der Anbetung der Hirten. Josef ist dargestellt als Zimmermann mit Schürze, der an einer Hobelbank arbeitet, als Begleiter Marias auf dem Weg nach Bethlehem mit Wanderstab und Bündel und dann im Krippenstall auf einen Stab gelehnt.

Neben den Symbolen setzt Kepler auch ganz bewußt Farben ein: Bei der Verkündigungsszene findet das Weiß im Kleid Mariens eine Entsprechung in dem Gewand Gabriels und wird noch einmal aufgenommen in Lilie und Spinnrocken. Den zentralen Blickpunkt aber bildet dann Marias Umhang, der sie – bis auf Hände, Brustansatz und Kopf – fast völlig bedeckt. Sein klares strahlendes Blau hatte, so erinnert sich Gudrun Keussen, die diesen Adventskalender als Sechsjährige besaß, eine große Wirkung, wenn es am 23. Dezember mit Maria zum ersten und einzigen Mal inmitten aller eher gedeckten Töne auftauchte.

„Die Krippe" war der einzige ausgesprochen christlich-religiöse Adventskalender im Sortiment von RLM. Richard Ernst Kepler illustrierte gleichzeitig auch ganz profane Themen, wie der Blick auf „Im Lande des Christkinds" gezeigt hat. Bei „Die Krippe" erinnern nur noch die Engel auf dem Dach an die dortige kindliche Himmelswelt.

„Christkindleins Festzug"

Der Adventskalender mit Ziehfiguren von Dora Baum bildet in Hinsicht auf die gewählte Farbigkeit und die Motive das genaue Gegenteil zu der rund zwanzig Jahre früher erschienenen Keplerschen „Krippe". Dora Baum entwarf einen dreiteiligen, mit Leinenstreifen verbundenen und dadurch beweglichen, aufstellbaren Adventskalender. In der hier abgebildeten Form (Abb. 24), sind die Teile auseinandergenommen und unter- statt nebeneinander angeordnet. Täglich wird eine der Figuren an der rückwandig befestigten Papierlasche hervorgezogen. Auch hier füllt sich eine zunächst fast leere Landschaft jeden Tag etwas mehr. Hinter den Hügeln, Häusern, Bäumen und Wolken tauchen aber keine biblischen Figuren wie bei Kepler auf, sondern es wird eine mit Engeln bestückte, völlig profane Spielzeugwelt sichtbar: Knecht Ruprecht sitzt in einem Schlitten, der von einem Eisbären gezogen wird; Engel reiten auf Schaukelpferden und (Stoff-?)Elefanten, sie fahren in einem Spielzeugfuhrwerk oder haben sich bei einem Lebkuchenmann eingehakt. Sie begleiten fliegend oder gehend mit Glocken und Fackeln den Schlitten des „Christkindes".

Dora Baum hat die Engel und das Christkind als Kleinkinder gezeichnet: Ihre Körper, meist im Profil, haben die großen Köpfe mit kleinen Augen, Stupsnase und Pausbacken von Zwei- bis Dreijährigen. Die Arme sind kurz, die Finger kaum erkennbar, und die runden Körper stecken in weit fallenden Mänteln, die kurz über den rot beschuhten Füßen enden. Alle Engel tragen ähnliche Kleider, sehen fast identisch aus; von einer individuellen Zeichnung kann keine Rede sein, eher von einer typisierten Darstellung.

Auch in der gewählten Farbigkeit findet der spielzeughafte Charakter der Motive eine Entsprechung. Dora Baum benützt vor allem die klaren Grundfarben Gelb, Blau und Grün, mit denen sie ihre schwarzen Umrisse flächig ausfüllt. Sie hellt gegen die Ränder hin etwas im Farbton auf, damit plastische Formen entstehen. Dabei wird die Technik der Handlithographie mit ihrer körnigen Verteilung der Farbe ganz bewußt eingesetzt. Dora Baum spielt nicht in dem Maße, wie Kepler es tat, mit den zwei verschiedenen Farbigkeiten des Vorher und Nachher, also der Zustände vom 6. und 24. Dezember. Sie verwendet auch nicht so bewußt wie er die Farben; bei ihr tritt lediglich das zunächst bestimmende Blau des Himmels und das Weiß-Blau des Schnees durch die bunten Farben der Spielzeug- und Engelsfiguren zurück. Von „Christkindleins Festzug" geht eine unernste, fast heitere Stimmung aus, die noch durch die Handhabung unterstützt wird. Es ist sehr effektvoll, wenn man am 17. Dezember an der für diesen Tag bestimmten Lasche zieht und zwei schlittenfahrende Teddybären wirklich ein Stück weit den Hang hinunterrodeln.

Dora Baums Zeichnung hat weder das Religiös-Ernste der Keplerschen „Krippe" noch die Ironie von Mauders „Peter und Liesel". Bei ihr liegt der Reiz in der Umsetzung der Ziehbewegung auf das Thema Festzug: Alle Engels- und Spielzeugfiguren gehen nicht nur innerhalb der Zeichnung von rechts nach links, sie lassen sich tatsächlich ein Stück weit in diese Richtung durch die Winterlandschaft ziehen.

Von den Ausschneidebildern zu den Ziehfiguren

Neben der Vielfalt an Motiven ist für das Adventskalendersortiment von RLM besonders charakteristisch, daß es die verschiedensten Arten der Handhabung enthält; die beiden in der Überschrift genannten bilden lediglich den Anfangs- und Endpunkt von ins-

Abb. 23
Richard Ernst Kepler
Aquarelle zu „Die Krippe"
Adventskalender mit Ausschneidefiguren
Verlag Reichhold & Lang
München, um 1925
je 30,2 × 22,5

Abb. 24
Dora Baum
„Christkindleins Festzug"
Adventskalender mit Ziehfiguren

Zustand am 6. und am 24. 12.
Verlag Reichhold & Lang, Nr. 3594
München, 1935
3 Teile à 8 × 31

gesamt neun verschiedenen Möglichkeiten, die Adventskalender zu „bedienen".

Nacheinander – und später dann gleichzeitig – erschienen hier Ausgaben mit Bildern „Zum Ausschneiden und Aufkleben", „Abreißkalender mit Albumblättern", „Uhren zum Drehen", Adventskalender „mit Fenstern und Türen zum Öffnen" oder „zum Aufbrechen". Es gab solche „mit Figuren zum Aufstecken" oder „mit Figuren zum Ziehen" und andere, bei denen täglich durch das Wegnehmen eines sogenannten „Wolkenvorhanges" von einer Kulisse die Durchsicht um ein weiteres Stück freigegeben wurde. Die Türen und Fenster zum Öffnen, wie sie heute vorherrschen, nahmen nur einen geringen Platz im RLM-Prospekt ein.

Das große Angebot kam Kindern jeden Alters zugute: Bei Keplers „Weihnachtsuhr", an der nur gedreht werden mußte, steht im Prospekt der Zusatz „für die ganz Kleinen". Die feingliedrigen Ausschneidefiguren anderer Exemplare waren wohl eher für Schulkinder bestimmt.

Geht man der Frage nach, welche Art der Handhabung bei welchen Motiven eingesetzt wurde, so stellt sich heraus, daß es sehr oft einen sinnvollen Bezug gibt: Das Schmücken von Keplers „Weihnachtsbaum" ähnelt durch das Aufkleben der ausgeschnittenen Baumbehangstücke dem, was man am wirklichen Weihnachtsbaum macht, und in Dora Baums Adventskalender mit Ziehfiguren kommen durch den besonderen Mechanismus die Engel und Tiere in fast

Abb. 25
Innenseiten des Adventskalenderprospekts
von 1938
Verlag Reichhold & Lang, München
30 × 42

natürlicher Bewegung hinter den Bäumen und Hügeln hervor.

Gerhard Lang dachte sich alle Handhabungen seiner Adventskalender selbst aus. In manchen Fällen hatte er völlig neue Ideen, meist übernahm er jedoch bewährte Techniken der Luxuspapierfabrikation. Dort gab es schon lange Abreißkalender, Ausschneide- und Bastelbögen, Papiertheater, Sammelalben, zu öffnende Türen oder Fenster und drehbare Scheiben. Das Vorhandene wird von Lang als Anregung benützt; er wendet es auf den Adventskalender an und gestaltet daraus gleichzeitig phantasievolle wie technisch perfekte Ausgaben.

Der Blick in den Prospekt aus dem Jahre 1938 (Abb. 25) macht in der Gruppierung der Adventskalender nach ihren Arten der Handhabung noch einmal deren Vielfalt deutlich. Lang hebt so – für Fachhandel und Kunden gut sichtbar – den Formenreichtum seines Verlages hervor.

Diese Klassifikation aus den Prospekten soll bei der Beschreibung der erhaltenen Adventskalender übernommen werden. So läßt sich am eindrucksvollsten die Entwicklung nachvollziehen vom einfachen Karton mit Beiblatt der ersten Jahre bis hin zu den komplizierten dreidimensionalen Ausgaben, wie sie in den dreißiger Jahren bei RLM herausgekommen sind.

„Zum Ausschneiden und Aufkleben"

Gerhard Lang beauftragte bald nach dem Erscheinen des ersten Adventskalenders „Im Lande des Christkinds" dessen Illustrator Richard Ernst Kepler mit einem zweiten Entwurf. Wieder sollte es eine Ausgabe sein, bei der von einem Beiblatt täglich etwas ausgeschnitten und aufgeklebt wurde.

Kepler zeichnete bei „Der Weihnachtsbaum" (Abb. 26) einen Tannenbaum, vor dessen Fuß ein großer Krippenstall mit der Heiligen Familie, Hirten und Tieren steht. Der Baum ist mit Kerzen und Ketten geschmückt, die eigentlichen Baumbehangstücke fehlen noch. Sie sind nur im Umriß erkennbar. Das beigegebene Blatt enthält den Christbaumschmuck in farbiger Ausführung. Die roten Zahlen und die Formen auf dem Adventskalender geben an, wo welches Stück hingeklebt werden soll.

Der Tannenbaum füllt sich jeden Tag mehr und ähnelt zusehends dem wirklichen Weihnachtsbaum, wie er am Heiligen Abend zu sehen sein wird. Hier wie dort gibt es Sterne und Spielzeug, Zapfen, Äpfel und Lebkuchen, und am 24. Dezember kommt ein großer Engel auf die Spitze des Baumes. Die Besonderheit dieses Adventskalenders liegt in seinem Beginn am 6. statt am 1. Dezember. Bei RLM gab es eine ganze Reihe von sogenannten „Nikolaus-Kalendern". In Firmenprospekten werden sie als das „schönste Geschenk zum Nikolaustage" angepriesen.

Die abgebildete, unbenützte Ausgabe des „Weihnachtsbaumes" ist der älteste erhaltene Adventskalender von RLM. Er stammt aus dem Nachlaß einer wohlhabenden oberbayerischen Familie, den das Münchner Stadtmuseum übernahm. Anhand der einfachen Ausführung und der Beschriftung auf den Außenseiten läßt sich diese „zweite Ausgabe", so ihr Titel, auf die Zeit um 1915 datieren.

Ein auf Karton kaschierter, vom Format her kleinerer Adventskalender desselben Motivs (Abb. 27) unterscheidet sich von der oben beschriebenen Ausgabe neben der anderen Farbigkeit vor allem durch ein Baumbehangstück: Bei der älteren Fassung wurde am 17. Dezember ein Soldat mit Pickelhaube und zum Stechschritt gehobenem Bein ausgeschnitten; hier war es nur noch ein Mann in schwarzem Anzug mit erhobenem Arm. Hierin zeigt sich ein Abrücken vom Militärischen, wie wir es schon bei „Im Lande des Christkinds" antrafen.

Eine weitere Veränderung bildet die Anbringung eines Blocks in der unteren Bildmitte an der Stelle des Brunnens. Bei dem vorliegenden Exemplar fehlt der Block; er enthält für jeden Tag ein Blatt mit einem Christbaumschmuck. Die Krippenszene mußte wegen des Blocks von der Mitte auf die rechte Seite gerückt werden, damit sie nicht verdeckt wird.

Die Veränderung in der Verarbeitung beim „Weihnachtsbaum" entspricht einer Tendenz bei RLM, die sich ab den zwanziger Jahren beobachten läßt: Bei allen in dieser Zeit herausgekommenen Adventskalendern zum Ausschneiden und Aufkleben wird das beigelegte Blatt durch ein aufgeklammertes Blöckchen ersetzt.

Richard Ernst Kepler entwarf noch drei weitere Ausgaben dieser Art. Von den Aquarellen zu „Die Krippe" war schon die Rede (s. S. 42). Bei „Der Weihnachtstraum" fehlt ebenfalls ein gedruckter Adventskalender. Wieder sind hier aber Originale erhalten. Drei Andrucke mit verschiedener Farbigkeit lassen darauf schließen, daß Kepler die Wirkung jeweils anderer Farben ausprobieren wollte.

Vom Thema her knüpft „Der Weihnachtstraum" (Abb. 28) an „Im Lande des Christkinds" an; einzelne Motive ähneln einander auffallend. Über einer verschneiten Landschaft am unteren Bildrand werden in eine große, zunächst noch leere Wolke Engel geklebt. Diese sind mit Backen, Postaustragen und Geschenkebringen beschäftigt. Eine Gruppe von Engeln, wie alle übrigen mit kurzen Hemdchen bekleidet, zieht einen geschmückten Weihnachtsbaum in einem Leiterwagen. In der oberen Bildmitte steht das Christkind in einer Wolkengloriole, umgeben von musizierenden Engeln. Es ist als kleiner König mit Krone, Stab und Umhang (hier in dunkelrotem Ton mit Hermelinbesatz) dargestellt. Einer der Andrucke ist mit dem Datum „8. Sept. 1926" bestempelt. Vermutlich kamen die Adventskalender dieses Motivs bald darauf heraus.

Auch der vierte Adventskalender aus dieser Gruppe war von Richard Ernst Kepler entworfen worden: „Der Weihnachtsabend" (Abb. 31). Eine menschenleere und in dunklen Tönen gehaltene Landschaft mit Abhang, zugefrorenem See und einer Kapelle füllt sich vom 6. bis 24. Dezember mit den eingeklebten Figuren. „Knecht Ruprecht", schlitten- oder schlittschuhfahrende Kinder und Kirchgänger finden nacheinander ihren Platz. An den letzten Tagen wird die herabschwebende Engelsgruppe in der oberen Bildmitte zusammengesetzt, die den geschmückten Weihnachtsbaum vom 24. Dezember trägt.

In Gerhard Langs Nachlaß erhielt sich neben dem aquarellierten Andruck mit aufgeklebten gedruckten Bildern (Abb. 32) auch noch eine vollständige Ausgabe des gedruckten Adventskalenders mit englischem Text auf der Rückseite: „Christmas Eve. A Christmas Calendar for Advent. Directions for use . . ." Das deutet darauf hin, daß RLM in das

englischsprachige Ausland geliefert hat. Die Versblätter zwischen den Bildblättern haben jedoch einen deutschen Text.

Abb. 28
Richard Ernst Kepler
aquarellierter Andruck zu
„Der Weihnachtstraum"
Adventskalender mit Bildern zum Ausschneiden
Verlag Reichhold & Lang
München 1926
30 × 22

Sie kommentieren in lustigen Vierzeilern – sicher wieder von Gerhard Lang – das Geschehen auf den Bildern. Zu dem rodelnden Jungen mit roter Jacke und grüner Hose in der Bildmitte heißt der Vers:

„Mehr Mut hat Karl; zum dritten Mal'
Saust er schon jauchzend in das Tal,
Wohl fliegt er manchmal in den Schnee,
Doch fällt man weich, das tut nicht weh."

Und am 24. Dezember ist zu lesen:

„Nun ward zur Wirklichkeit dein Traum
Hier ist der liebe Lichterbaum.
Mög bei euch allen, groß und klein,
Die Weihnachtszeit gesegnet sein."

Ein im Prospekt von 1931 unter Neuheiten erschienener Adventskalender wurde dort als „im besten Sinne modern" bezeichnet. Elsa Schnell-Dittmann (1907–1978) zeichnete „Die Christfahrt", die in diesem Prospekt wie folgt beschrieben wird:

„Eine ganz entzückende Neuheit, ebenso malerisch und gemütvoll, wie im besten Sinne modern. Die Blätter des Blockes werden ausgeschnitten, sind rückseitig gummiert und werden auf die Rückwand geklebt, die sich allmählich in ein farbenprächtiges Weihnachtsbild verwandelt."

Der vollständige Adventskalender (Abb. 29) zeigt am 24. Dezember eine von zwei weißen Hirschen gezogene gelbe Kutsche, in der ein Junge und ein Mädchen sitzen. Auf der rechten Seite tritt das Christkind aus einem Spitzbogen, in dem ein Weihnachtsbaum steht, hervor. Es trägt ein Sternenkleid, einen Heiligenschein und Flügel. Links davon steht ein Mann mit weißem Bart, rotem Mantel, Handschuhen und großer Mütze; in der Hand hält er einen großen Schlüssel. Damit deutet diese Gestalt mehr auf Petrus als auf Knecht Ruprecht hin. Um das Christkind und den alten Mann liegen Geschenke und Spielzeug. Engel fliegen durch die Luft und zeigen der Kutsche den

Abb. 29
Elsa Schnell-Dittmann
„Die Christfahrt"
Adventskalender mit ausgeschnittenen und aufgeklebten Figuren
Verlag Reichhold & Lang, Nr. 1121
München 1931
23,6 × 31,7

Weg. „Die Christfahrt" lebt von dem Kontrast zwischen dem in matten Blautönen gehaltenen Hintergrund, der wie eine Kreidezeichnung wirkt, und den klaren, von schwarzen Umrißlinien begrenzten Farbflächen der aufgeklebten Teile.

Das sorgfältige Ausschneiden und Aufkleben bei den Adventskalendern dieser Gruppe und das Lesen der Texte nimmt mehr Zeit in Anspruch als das bloße Öffnen von Türchen. Alle Adventskalender mit Ausschneidemotiven konnten nur einmal verwendet werden. Das nach dem 24.12. erhaltene „farbenprächtige Weihnachtsbild" ersetzte also nicht den Adventskalender für das kommende Jahr. Es wurde vielleicht noch eine kurze Zeit lang aufgehoben und aufgehängt, dann aber bald weggeworfen.

Abb. 30
Else Wenz-Viëtor
„Die Christrose"
Titel des Einklebealbums
Verlag Reichhold & Lang, Nr. 703
München, um 1926
27 × 18,5

Abreißkalender mit Albumblättern

Auch diese Adventskalender konnten nur einmal verwendet werden. „Durch das Einkleben der Abreißblätter (in dazugehörige Alben) entstehen Bilderbücher von bleibendem Werte" heißt es in einem RLM-Prospekt. Die Alben sind jedoch keine gebundenen „Bilderbücher", wie es dieser Text suggerieren könnte, sondern geklammerte, auf dünnen Karton gedruckte, zunächst leere Texthefte, deren Preis mit RM –,30 bis RM 1,– entsprechend niedrig war. Es gab sie zu jedem Adventskalender dieser Gruppe. Auf diese Weise wurden die von den Blöckchen heruntergetrennten Blätter aufgehoben. Der auf der Rückseite der Tagesbilder abgedruckte Text war im Album nochmals wiedergegeben und konnte dann im Zusammenhang gelesen werden. Die Geschichten sind auf neunzehn Blättern enthalten; alle Ausgaben beginnen am 6. Dezember. Jeder Tag bildet eine inhaltliche Einheit.

Zu dieser Gruppe von Adventskalendern gehören eine Sonderausgabe von „Im Lande des Christkinds", Josef Mauders „Peter und Liesel" und der Adventskalender „Die Christrose". Sepp Bauer erzählt in einem „wundervollen gemütstiefen Vorweihnachtsmärchen" – so der Werbetext – von den Geschwistern Fritz und Gretel, die sich auf den Weg zum Christkind machen. Ihr Vater ist krank, und der Nikolaus sagt den Kindern, daß der Kranke nur durch den Duft der Christrose geheilt werden könne. Die Geschwister bekommen nach vielen Erlebnissen eine Blüte dieser Pflanze, lassen sie vom Christkind segnen und heilen dann damit ihren Vater.

Die Bilder dieses Adventskalenders entwarf Else Wenz-Viëtor (1882–1973) Ende der zwanziger Jahre. Damals zählte sie bereits zu den bekannten Kinderbuchillustratoren. Das vom Nikolaus gezogene Christkind im Kinderwagen, inmitten von Kissen, mit

Abb. 31
Richard Ernst Kepler
„Der Weihnachtsabend"
Blockrückwand mit vollständigem Abreißblock
Verlag Reichhold & Lang, Nr. 221
München, um 1925
20,5 × 15,5

Abb. 32
Richard Ernst Kepler
Aquarell von „Der Weihnachtsabend" mit
eingeklebten, gedruckten Figuren
Verlag Reichhold & Lang,
München, um 1925
25 × 19

weißem Hemdchen bekleidet, dicken Backen und glatten Haaren auf der Kalenderrückwand (s. Abb. 33) erinnert an die Zeichnungen in „Der kleine Häwelmann". Else Wenz-Viëtor hatte Theodor Storms Erzählung 1926 illustriert, was eine ähnliche Entstehungszeit für „Die Christrose" vermuten läßt. Den Adventskalender gab es in zwei verschieden großen Ausgaben, jeweils mit dazugehörigem Album. Das Bild des Buchtitels (Abb. 30) zeigt die Szene vom 6. Dezember: Der Nikolaus ist in der Hütte des armen, kranken Holzhackers zu dessen Kindern gekommen. Er übergibt, als er von Fritz' und Gretels Mut hört, ihren Vater retten zu wollen, dem Jungen einen Schlüssel mit den folgenden Worten: „Du wirst ihn in der höchsten Not brauchen". Am 17. Dezember schließen die Geschwister mit ihm „ein Türlein in der Himmelsmauer" auf, um zum Christkind zu gelangen.

Zwei Ausgaben von der „Christrose" wurden ohne Album verkauft; eine davon verdient unsere besondere Aufmerksamkeit. Auf einen schmalen, bedruckten Karton wurde das Blöckchen mit den Tagesblättern geklammert (Abb. 33). Das gefalzte Innenteil dieses dreidimensionalen Adventskalenders enthält zwanzig Schokoladenstücke. Gerhard Lang begann schon in den zwanziger Jahren damit, die heute sehr verbreiteten Schokolade-Adventskalender in sein Sortiment aufzunehmen. Aus einer erhaltenen Sonderanfertigung eines Adventskalenders geht hervor, daß Lang mit Stollwerck zusammengearbeitet hat.

Elsa Schnell-Dittmann hatte für die Kölner Schokoladefabrik einen eigenen Adventskalender entworfen, der bei RLM nicht zu kaufen war: „Die Himmelfahrt des Zwerg Nase" (Abb. 34). Auch hier wurde, nach RLM-Manier, ein Block mit Tagesbildern auf einen dünnen, gefalzten Karton geklammert, der im Innenteil „20 Täfelchen Schmelz-Schokolade" enthielt, wie es eine rückseitige Aufschrift angibt.

Abb. 33
Else Wenz-Viëtor
„Die Christrose"
Adventskalender mit Abreißblock
und Innenteil zum Füllen mit Schokolade
Verlag Reichhold & Lang, Nr. 566
München, um 1926
16 × 8,5 × 1 und 16 × 8 × 0,8

Auf dieser Rückseite ist auch ein Gedicht – vermutlich von Gerhard Lang – abgedruckt, das sehr anschaulich die Verwendung dieses Adventskalenders beschreibt:

Am 6. des Dezembers löst
Vom Block das erste Blatt
Und höret die Geschichte an,
die sich ereignet hat.

Ein Schokoladentäfelchen –
Es ist gewiß was Fein's –
Das laßt beim Lesen schmecken Euch,
Doch jeden Tag nur ein's.

Und wenn am Schluß das letzte Paar
Euch froh entgegenlacht,
Dann, Kinder, ist das Christfest da,
Glück auf zur Heiligen Nacht!"

Im Gegensatz zu den vorhergehenden Adventskalendern gibt es bei „Ihr Kinderlein kommet" keine
durchgehende Geschichte. Die Blockbildchen illustrieren ausgewählte Weihnachtslieder. Der Liedtext
findet sich jeweils auf der Rückseite des vorhergehenden Blattes und im Album. Die Reihenfolge der
Lieder ist völlig beliebig: am 7. Dezember steht
„Stille Nacht", am 14. Dezember „Morgen kommt
der Weihnachtsmann" (Abb. 36) auf dem Blatt.
Auf den Seiten des Textalbums ist jeweils ein ovales
Feld nur mit einer grünen Umrißzeichnung bedruckt.
Hierhinein werden die Bilder des Blöckchens nach
dem Ausschneiden geklebt. Alle neunzehn Seiten des
Heftes sind von Felix Elssner in gleicher Weise gestaltet worden: Eine Nadelbaum-Stechpalmen-Girlande
mit Gebäck, Äpfeln und Figuren geschmückt und mit
einem roten Band umwunden, rahmt die verschiedenen Liedtexte ein. Darüber stehen erzgebirgische
Holzengel, die Instrumente oder Leuchter mit bren-
nenden Kerzen halten. Unter diesem Motiv sind der
Titel des Liedes, der Verfasser und der Komponist
angegeben.
Die Adventskalender mit Bildern zum Ausschneiden
und Aufkleben und diejenigen mit Albumblättern
machen noch im Prospekt von 1931 einen Großteil
des Angebots aus: Von den dreißig dort angezeigten
Kalendern hatten nur sieben die heute vorherrschenden Fenster zum Öffnen. In der Herstellung waren
vor allem die Ausgaben mit Abreißblock aufwendiger
als ein Deckblatt mit hinterklebtem Motivblatt, weil
bis zu fünfundzwanzig einzelne Motive anfielen.

Abb. 34
Elsa Schnell-Dittmann
„Die Himmelfahrt des Zwerg Nase"
Adventskalender mit Abreißblock
und Innenteil zum Füllen mit Schokolade
Sonderanfertigung für Stollwerck
Verlag Reichhold & Lang
München, um 1930
15,5 × 11 × 1

"Mit Fenstern zum Öffnen"

Seit etwa 1920 benützte Gerhard Lang für seine
Adventskalender in zunehmendem Maße diese Art
der Handhabung. „Die Himmelsuhr", „Christkindleins Haus", „Das Adventshäuschen", „Der Weihnachtsstern" und „Alle Jahre wieder" entsprechen am
ehesten dem, was wir uns heute unter einem Adventskalender vorstellen: Bei allen fünf Ausgaben werden
Fenster bzw. Felder nacheinander aufgemacht. Diese
Flächen sind an einer Seite nicht ausgestanzt, so daß
sie auch wieder verschlossen und die Kalender bis
zum Dezember des nächsten Jahres aufgehoben werden können.

Eines der frühesten Exemplare mit „Fenstern zum
Öffnen" heißt „Die Himmelsuhr" (Abb. 35). Charlotte Knackfuß zeichnete einen Zeiger mit sternenför-
miger Spitze, der jeden Tag auf ein weiteres der
vierundzwanzig Felder gedreht wird. Diese Felder
sind auf einem goldfarbenen Ring angeordnet und
nacheinander von eins bis vierundzwanzig numeriert.
Die Aufteilung des ganzen Deckblattes erinnert an
das Zifferblatt einer Uhr.

Beim Öffnen der zweiflügeligen kleinen Türen werden gelbe Zeichnungen sichtbar. Die scherenschnitt-
artigen Motive lassen Tiere und Spielsachen erkennen; am 24. Dezember darf noch ein zusätzliches Tor
in der Bildmitte geöffnet werden, hinter dem sich die
Heilige Familie verbirgt.

Innerhalb und außerhalb des Ringes singen und musizieren Engel. Im rechten unteren Bildteil begleiten
sie den mit Geschenken beladenen Knecht Ruprecht.

In den zwanziger Jahren entstand auch „Christkindleins Haus" (Abb. 38) von Dora Baum. Die gelbe
Hausfassade vor dunkelblauem Sternenhimmel hat
achtzehn Fenster und eine doppelflügelige Eingangstüre. Hinter den grünen Fensterläden mit roten

Abb. 35
Charlotte Knackfuß
„Die Himmelsuhr"
Verlag Reichhold & Lang, Nr. 904
München, um 1925
32 × 29

Herzen und Tageszahl kommen vom 6. bis zum
24. Dezember nacheinander Knecht Ruprecht, Engel
und das Christkind hervor. In „Christkindleins Haus"
tragen die Engel die Spielsachen und Geschenke für
die Kinder herbei: Sie probieren die Trompeten aus,
überprüfen die Teile des Baukastens und schauen die
Bilderbücher an.

Abb. 36
Felix Elssner
„Ihr Kinderlein kommet"
Adventskalender mit Abreißblock und Einklebealbum
Verlag Reichhold & Lang, Nr. 803
München, um 1925
12 × 10 und 27 × 14

Abb. 37
Dora Baum
„Adventshäuschen"
Verlag Reichhold & Lang, Nr. 1055
München, um 1925
25 × 33 × 21

Wenn die Türe des 24. Dezembers offensteht, wird das Christkind vor einem hell erleuchteten Hintergrund sichtbar. Es trägt ein langes weißes Kleid mit Sternen und steht zwischen zwei kleinen geschmückten Weihnachtsbäumen.

Der Reiz dieses Adventskalenders beruht in Dora Baums Idee, den Mechanismus von gestanzten Papierfenstern und -türen nicht auf willkürliche Felder, sondern auf die Fenster und Türen einer Hausfassade zu übertragen.

In einer zweiten Ausgabe nahm Dora Baum Ende der zwanziger Jahre diese Idee noch einmal auf und entwickelte sie weiter: Beim „Adventshäuschen" (Abb. 37) gleichen nicht nur die zu öffnenden Türen und Fenster einem wirklichen Haus, hier wurde selbst die Form übernommen. Der Adventskalender gehört zu

den fünf dreidimensionalen Ausgaben, die bei RLM herauskamen.

„Das Adventshäuschen" wurde in einem flachen Pappschuber verkauft. In ihm sind fünf bedruckte Kartonteile enthalten: zwei in der Form von Nadelbäumen, dazu ein Dach und ein Schornstein sowie die Hauswände. Diese laufen an sechs Stellen in kleine Laschen aus. Werden sie in die vorgeschnittenen Schlitze auf der Oberseite des Verpackungskartons gesteckt, so steht das Haus. Nun müssen nur noch das Dach mit dem Schornstein aufgesetzt und die Bäume in vorgefertigte Schlitze am Haus gefügt werden.

Gerhard Lang zeigt sich hier wieder als besonders einfallsreich. Beim „Adventshäuschen" fällt auf, wie sinnvoll die Einzelteile gestaltet sind und welche Stabilität durch die nicht sichtbaren Laschen und Schlitze erreicht wird. Alle Teile werden nicht geklebt, son-

Abb. 38
Dora Baum
„Christkindleins Haus"
Verlag Reichhold & Lang, Nr. 355
München, um 1920
24 × 16,5

dern nur ineinandergesteckt. So ist gewährleistet, daß dieses Häuschen nach Weihnachten abgebaut, platzsparend in der eigenen Verpackung untergebracht und bis zum nächsten Jahr aufgehoben werden kann.

Wie bei vielen schon gezeigten Adventskalendern von RLM handelt es sich auch hier wieder um einen Nikolauskalender mit dem Beginn am 6. Dezember. An diesem Tag werden die Läden des Dachfensters zwischen den Lebkuchenziegeln geöffnet. Knecht Ruprecht mit weißem Bart und Pelzmütze schaut heraus. Er hält in der linken Hand eine Kerze, in der rechten seine Rute.

Die offenen Fenster vom 7. bis zum 23. Dezember geben auch hier den Blick auf Engel frei, die Kerzen tragen, singen oder musizieren. Am 24. erscheint das Christkind, eine mädchenhafte Gestalt mit erhobenen Armen vor einem großen Lichterbaum in der Eingangstüre.

Die abgebildete Ausgabe des „Adventshäuschens" trägt auf der Rückseite des Kartons ein Schild mit der genauen Angabe des Verkaufsortes. Diese Basler Adresse und die Verkaufsorte anderer RLM-Adventskalender, die wir kennen, machen deutlich, daß Gerhard Lang sein Sortiment ab den zwanziger Jahren und dann verstärkt ab 1930 im ganzen deutschsprachigen Ausland angeboten hat.

Die zwei folgenden Adventskalender mit „Türen zum Öffnen" illustrierte Elsa Schnell-Dittmann. „Der Weihnachtsstern" (Abb. 40) aus dem Jahre 1934 wird in einem Firmenprospekt als „ganz neuartig" beschrieben. Seine Besonderheit ist auf der dazugehörigen Tüte vermerkt:

„Die Datumsfelder in Dreiecksform werden, mit dem 6. Dezember beginnend, an den zusammenhängenden Punkten mit Messer oder Schere vorsichtig gelöst und dann zurückgeschlagen, so daß allmählich um die weihnachtlichen Bilder ein strahlender, goldener Stern entsteht."

Wenn alle Felder geöffnet sind, liegen am 24. dann drei jeweils zehnzackige Sterne ineinander. Die Illusion von glänzenden Sternen wird noch durch die Goldbeschichtung der Innenfelder verstärkt.

Die nun sichtbaren Bilder zeigen St. Nikolaus, Kinder, Tiere, Hirten und Könige (außen) und Sterne, Engel und die Heilige Familie (innen). Das Deckblatt enthält weihnachtliche Motive und Engel, die sich an den Händen fassen, neben einem Herz mit Flammen (24.).

Alle bisher beschriebenen Adventskalender waren – so eine Firmenwerbung – „in feinster farbiger Lithographie" ausgeführt. Die Drucksteine wurden hierfür manuell bearbeitet, was die grobe und unregelmäßige Körnung der Punkte erkennen läßt. „Der Weihnachtsstern" ist einer der wenigen Exemplare, bei denen das nicht zutrifft. Hier sind die Punkte gleichmäßig und kleinteiliger.

Gerhard Lang bediente sich ab Anfang der dreißiger Jahre in zunehmendem Maße einer ganz anderen Drucktechnik, dem Offsetdruck. Diese Veränderung hatte nicht nur Folgen für die Feinstruktur der Motive, sie bedeutete auch eine Umstellung in der Farbigkeit. Bei den Lithographien waren für die RLM-Adventskalender bis zu neun verschiedene Steine verwendet worden, was eine große Abstufung in den Tönen mit sich brachte. Beim Offsetdruck verringerte sich die Anzahl der Farben erheblich; Zwischentöne entfielen damit weitgehend.

Der zweite, von Elsa Schnell-Dittmann illustrierte Adventskalender dieser Gruppe heißt „Alle Jahre wieder". Er erschien 1935 zum erstenmal, zusammen mit drei ähnlichen Kalendern, die auch Weihnachtsliedanfänge als Titel und Türen zum Öffnen hatten. Von allen Ausgaben dieser Reihe existieren keine gedruckten Exemplare; bei „Alle Jahre wieder" aber haben sich die aquarellierten Andrucke erhalten (Abb. 42).

Auf dem Deckblatt fährt ein reichbepackter Weihnachtsmann in seinem Schlitten „Zur Erde". Engel mit Geschenken begleiten ihn und leuchten ihm den Weg. Der Entwurf für die Hinterklebung wurde nicht in dieser Form gedruckt. Elsa Schnell-Dittmann hatte auf dem Andruck des Deckblattes ausprobiert, wie groß die Tagesbilder sein dürfen, um genau in die Papierfenster zu passen.

Wenn man die beiden aquarellierten Andrucke vergleicht, wird deutlich, wie sinnvoll der Inhalt der Türchen auf das Äußere abgestimmt ist: Am 8. Dezember (links oben) brennt eine Kerze in der Laterne, am 13. (Mitte) liegt eine Puppe im Korbwagen, und unter dem Papier vom 19. (Mitte) kommen zwei Teddybären zum Vorschein. Dieses Spielzeug ist ab den dreißiger Jahren oft in den Tagesbildern vertreten und heute nicht mehr aus dem Motivvorrat des Adventskalenders wegzudenken.

„Zum Aufrollen der Fensterchen"

Diese besondere Form der Handhabung fällt in die dreißiger Jahre und betrifft nur zwei Adventskalender, „Das Paradiesgärtl" und „Die Himmelsfenster". Gerhard Lang dachte sich hier einen besonderen Effekt für die Papierfenster aus. Die ausführliche Gebrauchsanweisung auf der Tüte vom „Paradiesgärtl" beschreibt die Benützung:

„Unter den flach über den Kalender gleitenden Fingern rollt man den Fensterladen mehrfach hin und her und schiebt ihn dann zurück, bis das ganze Bild freiliegt. Beim Bild des 24. Dezembers werden die zusammenhängenden Spitzen vorsichtig auseinander gefaltet und strahlenförmig zurückgeschlagen."

Beim „Paradiesgärtl" (Abb. 39) aus dem Jahre 1934 verbergen sich hinter den aufrollbaren Türen nackte Engel, Tiere und Spielzeug. Die offene Blüte vom 24. Dezember birgt ein nacktes Kleinkind mit erhobenen Armen.

Abb. 39
Oberle
„Das Paradiesgärtl"
Verlag Reichhold & Lang, Nr. 3450
München 1934
31 × 24

Der Entwurf stammt, so ist der Signierung am rechten unteren Rand zu entnehmen, von Oberle, einem der weniger bekannten Illustratoren bei RLM. In seinen Zeichnungen für Deckblatt und Hinterklebung fallen zwei Gesichtspunkte auf. Das ist einmal die fahle Farbigkeit mit der Beschränkung auf wenige Töne

Abb. 40
Elsa Schnell-Dittmann
„Der Weihnachtsstern"
Verlag Reichhold & Lang, Nr. 3461
München 1934
25 × 25

Abb. 41
Oberle
aquarellierter Entwurf zu
„Die Himmelsfenster"
Verlag Reichhold & Lang, Nr. 3750
München 1937
30 × 23

(dunkelgelb, grasgrün und dunkelbraun). Außerdem enthalten weder das Deckblatt noch die Tagesmotive weihnachtliche Elemente, abgesehen von stilisierten Tannenzweigen und zwei Kerzen im unteren Bildrahmen.

In den Prospekten wird dieser Kalender mit dem Zusatz „hoher Kunstwert. Für anspruchsvolle Kreise" beschrieben. Das kann nur für den Geschmack der die Adventskalender aussuchenden Eltern gelten. Dem Bedürfnis der Kinder nach reichen Abbildungen, kräftigen Farben und abwechslungsreichen Motiven kam er wenig entgegen.

Die gleiche Fensteraufteilung hat der Adventskalender „Die Himmelsfenster". Im Prospekt von 1937 trägt er die Unterschrift „ganz neu". Wiederum liegt kein gedrucktes Exemplar vor, aber ein Entwurf ist erhalten (Abb. 41): Das Aquarell mit dem Advents-

Abb. 42
Elsa Schnell-Dittmann
aquarellierte Andrucke zu
„Alle Jahre wieder"
Verlag Reichhold & Lang
München 1935
à 30 × 22

kalender-Deckblatt wurde hierfür auf einen stärkeren Karton kaschiert und mit Einzelbildern hinterklebt. Das Muster trägt schon die Bestellnummer und das Firmensignet.

Ein Vergleich mit der Prospektabbildung macht deutlich, daß dieser Entwurf nicht zum Druck kam. Die Früchte und Blumen auf den Fenstern und auch die Bilder innen entsprachen wohl zu wenig der motivlichen Ausrichtung eines Adventskalenders auf Winter und Weihnachten. Für die gedruckte Ausgabe wurden die Felder innen völlig verändert; der Rahmen mit den Engeln und Wolken blieb jedoch.

Am 24. Dezember wird auch hier nach dem Öffnen des „strahlenförmig" angeordneten Mittelfensters der Blick frei auf ein Jesuskind. Es ist nicht mehr der kaum als solches zu erkennende Säugling, sondern ein in weißem Hemd auf einer Wolke sitzendes Kleinkind mit Heiligenschein, das beide Arme ausstreckt.

„Das Paradiesgärtl" und „Die Himmelsfenster" ähneln sich in vieler Hinsicht: Die Felderaufteilung, der Rollmechanismus der Fenster und einzelne Bildelemente stimmen überein. Das alles läßt für beide Adventskalender denselben Zeichner, Oberle, vermuten.

Die Kalender unterscheiden sich aber auch: Beim „Himmelsfenster" enthalten Deckblatt und Tagesmotive mit ihren winterlich-weihnachtlichen Versatzstücken das, was von einem Adventskalender erwartet wird. Auch bei der Farbigkeit hat eine Rückkehr zum Gewohnten stattgefunden: Die fahlen Töne vom „Paradiesgärtl" waren klaren und kräftigen Farben gewichen.

Aus Mangel an Informationen läßt sich diese Entwicklung nicht eindeutig erklären. Die Vermutung liegt aber nahe, daß mit dem „Paradiesgärtl" ein Versuch scheiterte, im Adventskalender von den gewohnten Bahnen der Themen- und Farbgestaltung abzurücken. Auch das Prinzip der rollbaren Fenster

konnte sich nicht durchsetzen. Es kam bei keinem späteren Adventskalender von RLM mehr vor, und auch andere Verlage nahmen diese Idee nie auf.

„Zum Öffnen und Ausbrechen"

Etwa gleichzeitig mit den Adventskalendern, deren Papiertüren geöffnet werden konnten, erschienen bei RLM Ausgaben, bei denen das jeweilige Feld ganz herausgenommen wurde. Dazu waren die Öffnungen rundherum aus dem Karton gestanzt worden. Der Vorteil dieser Adventskalender lag in ihrer Wiederverwendbarkeit und in den besonderen Effekten, die diese Technik mit sich brachte.

„Das Himmelsfenster" (Abb. 43), um 1930 von Elsa Schnell-Dittmann entworfen, zeigt zwei Kinder, die vor einem zunächst verschlossenen großen Fenster stehen, das aus neunzehn einzelnen Scheiben besteht. Am 24., wenn alle numerierten Karton„scheiben" herausgenommen wurden, ist alles zu sehen: die Engel mit Spielsachen, der Nikolaus (auch ein Engel mit gefülltem Rückentragekorb, Hermelinkragen auf rotem Kleid mit Bischofsstab) und das Christkind in weißem Kleid mit rotem Umhang und Kreuzstab, die rechte Hand segnend erhoben. Zwischen den horizontalen Verstrebungen steht der erste Vers des Weihnachtsliedes „Alle Jahre wieder". Die „farbigen Transparente", wie diese Hinterklebungen in den Prospekten heißen, waren besonders gut sichtbar, wenn der Adventskalender an die Fensterscheibe gehängt oder von einer künstlichen Lichtquelle hinterleuchtet wurde.

Bei der „Adventslaterne" (Abb. 44) ist im Inneren sogar der Platz für eine Kerze vorgesehen. Um 1930 von Dora Baum gezeichnet, ist sie mit einem Preis von RM 1.50 und später sogar RM 2.– einer der teuersten Artikel aus dem Sortiment. Sie wurde in einer eigenen Pappschachtel (23 × 26 × 2 cm) ver-

Abb. 43
Elsa Schnell-Dittmann
„Das Himmelsfenster"
Adventskalender mit Fenstern
zum Herausbrechen
Verlag Reichhold & Lang, Nr. 338
München 1933
25 × 17,5

kauft, deren Deckel mit einer ausführlichen „Gebrauchsanweisung" bedruckt ist.

Die „Adventslaterne" erhält ihre Form, indem man die vier Seiten an den gefalzten Stellen faltet und an zwei Stellen ineinandersteckt; in den verstärkten Boden, die Verlängerung einer Seitenwand, wird das Wachslicht gestellt.

„Die Füllungen des Gehäuses sind zum Herausbrechen vorgerichtet. Jeden Tag wird eine Füllung herausgebrochen, die mit der Tageszahl versehen ist. Dahinter erscheint die Weihnachtsgeschichte in farbiger Glasmalerei".

Die Umrahmung der einzelnen Felder und die Aufhängung sind in Grau mit schwarzer Schattierung gehalten, so daß der Eindruck einer Bleiverglasung entsteht. Die in klaren Farben ausgeführten, durch schwarze Umrißlinien begrenzten Zeichnungen innen ahmen „farbige Glasmalerei" nach. Sie unterscheiden sich in ihrer Größe voneinander. Die vier Seiten sind jeweils in ein großes und vier kleinere dreieckige Felder aufgeteilt. Am 6. Dezember – das Deckbild zeigt Knecht Ruprecht – sind Maria und Josef noch unterwegs, am 15. gehen die Weisen aus dem Morgenland durch eine verschneite Landschaft, am 20. erscheint ein Engel den Hirten, und am 24. knien Maria und Josef vor dem segnenden Jesuskind. Hinter den übrigen Füllungen kommen nach dem Öffnen Engel zum Vorschein.

Der dritte Adventskalender dieser Gruppe heißt „Das Weihnachtsdorf"; er gehört zu den wirkungsvollsten, die bei RLM erschienen sind. Das Besondere dieser Ausgabe besteht darin, daß die Füllungen zum Herausnehmen nicht auf der Vorder-, sondern auf der Rückseite liegen. Deswegen weist das Deckblatt keinerlei Tageszahlen auf. Außerdem werden die Transparente nicht direkt sichtbar, weil sie mit einer über das ganze Format gehenden Lithographie bedeckt sind.

Wenn die einzelnen Kartonstücke auf der Rückseite herausgehoben worden sind, und der Adventskalender vor einer Lichtquelle steht, kommt es zu einem ganz besonderen Effekt (Abb. 46): Die Bilder mit St. Nikolaus, den Engeln in ihren Werkstätten, den Sternen und der Heiligen Familie halten dann genauso eine Beleuchtung fest, wie sie in einer verschneiten Winterlandschaft abends herrschen kann.

Zum „Weihnachtsdorf" ist eine aquarellierte Studie gleichen Formats erhalten (Abb. 45). Am unteren Rand trägt sie den Namen des Malers: Karl M. Lechner. Er zeichnete ein verschneites Dorf, umgeben von Wald und Bergen. Die hellgelben Giebelseiten der Bauernhäuser und der Kirchturm waren als später durchsichtige Flächen gedacht, hinter denen die Tagesmotive hervorleuchten sollten. Der linke Teil des Bildes wird ganz von dem verschneiten Wald eingenommen; auch hierhinein hätten Felder mit Figuren und Tieren gehört.

Warum dieser Entwurf nicht zur Ausführung kam, kann nur vermutet werden. Wahrscheinlich machte die Anlage des Dorfes, die große Waldfläche und der – vergleichsweise – schmale Himmel eine gleichmäßige Verteilung der 19 Felder unmöglich, und Gerhard Lang bat Lechner um eine zweite Illustration.

Abb. 44
Dora Baum
„Die Adventslaterne"
Adventskalender mit Feldern
zum Herausbrechen
Verlag Reichhold & Lang, Nr. 1255
München, um 1933
24,5 × 11,2 × 11,2

Abb. 45
Karl M. Lechner
aquarellierte Studie zu
„Das Weihnachtsdorf"
Verlag Reichhold & Lang
München, um 1930
23,5 × 30,5

Abb. 46
Karl M. Lechner
„Das Weihnachtsdorf"
Adventskalender mit Füllungen
zum Herausbrechen
Verlag Reichhold & Lang, Nr. 977
München, um 1930, 24 × 31

"Mit Figuren zum Aufstecken"

Zwei Adventskalender aus den dreißiger Jahren, beide von Dora Baum, aus dem hier abgebildeten Prospekt haben „Figuren zum Aufstecken". Bei der nicht mehr im Nachlaß enthaltenen „Tiroler Weihnachtskrippe" (vgl. Abb. 25) werden nacheinander Engel, Hirten, Könige und die Heilige Familie in einen Mittelgrund bzw. an den Stallrand gesteckt. Beim „Adventsbaum" finden Nikolaus, Engel und das Christkind auf einem mit Lichtern geschmückten Tannenbaum Platz. Beide Adventskalender haben die zusätzliche Dimension der Tiefe; sie werden aufgestellt und nicht mehr aufgehängt.

Die Neuheiten beim „Adventsbaum" (Abb. 48) kann man der umfangreichen „Gebrauchsanweisung" auf der dazugehörigen Tüte entnehmen:
„Die beiden Baumhälften werden kreuzweise ineinander und dann in den roten Christbaumständer gesteckt, dessen Seitenteile und Zacken in der Mitte . . . nach oben aufzubiegen sind . . . Am 6. Dezember stellt man den Nikolaus in eine Ecke des Ständers und vom 7. Dezember ab steckt man täglich ein Englein – jedes trägt einen Kalendertag – auf einen beliebigen Zweig, indem man auch hier den Schlitz der Figur kreuzweise in den Schlitz des Zweiges tief einsteckt. Am Weihnachtstag krönt man in gleicher Weise die Baumspitze mit dem Christkind."

Es gibt vier Arten von pausbäckigen Mädchenengeln in Kleidern und Hemdchen und mit bunten Flügeln: Vom 7.–11. spielen sie Instrumente, sie singen aus roten Büchern (12. u. 13.), halten Sterne (14.–17.) oder haben Leuchter bzw. Laternen in der Hand (18.–23.). Das Christkind, das am 24. die Baumspitze krönt, ist größer als die Engel. Es trägt ein weißes Hemd mit gelben Sternen und hat beide Arme leicht erhoben.

Die Herstellung des „Adventsbaums" mit neunzehn Einzelfiguren und zwei Baumteilen, bei denen die Lithographie beidseitig auf dünnen Karton aufgezogen und dann ausgestanzt wurde, bedeutete einen großen herstellungstechnischen und damit finanziellen Aufwand. Die Figuren sind durch diese sorgfältige Verarbeitung sehr stabil und können, durch die dazugehörige Tüte geschützt, jahrelang wiederverwendet werden.

Ein dritter Adventskalender mit Steckfiguren, ebenfalls von Dora Baum, kommt in keinem Prospekt vor. Das erhaltene Exemplar von „Weihnachten im Walde" (Abb. 47) trägt keine Bestellnummer und scheint ein Prototyp zu sein. Die eingesteckten Figuren und Umrisse des Vordergrunds sind nicht gestanzt, sondern noch mit der Hand ausgeschnitten worden.

Wenn man die Seitenteile an den gefalzten Stellen nach hinten biegt und in die Rückwand steckt, entsteht eine kleine Bühne, die an Papiertheater erinnert. Täglich wird bei „Weihnachten im Walde" eine von den unten befestigten Karten abgetrennt, die Figur ausgeschnitten und an eine markierte Stelle gesetzt. Knecht Ruprecht, Waldtiere, Wichtelmänner, ein geschmückter Christbaum (23.) und das Christkind (24.) folgen aufeinander. Die großen Figuren und Tiere werden innerhalb der Bühne in einen Ständer gesteckt, so daß sie um das Christkind stehen. Engel und kleine Tiere nehmen auf seitlichen Papierständern und innen Platz; auch sie sind in ihrer Bewegung auf das Christkind in der Mitte ausgerichtet.

Abb. 47
Dora Baum
„Weihnachten im Walde"
Adventskalender mit Figuren
zum Ausschneiden und Stecken
Verlag Reichhold & Lang
München 1939
21 × 28 × 3

Abb. 48
Dora Baum
„Der Adventsbaum"
Adventskalender mit Figuren
zum Stecken
Verlag Reichhold & Lang, Nr. 1200
München, um 1932
26 × 18 × 18

„Mit Figuren zum Ziehen"

Die verschiedenen Arten der Handhabung, wie sie die Adventskalender von RLM so auszeichnen, wurden im Laufe der Jahrzehnte immer komplizierter. Den Höhepunkt und gleichzeitigen Abschluß bilden die Techniken, die Mitte der dreißiger Jahre von Gerhard Lang entwickelt worden sind.

Ab 1933 erschienen vier Adventskalender mit einem sehr aufwendigen Ziehmechanismus. Gerhard Lang meldete für seine Idee einen Gebrauchsmusterschutz beim Reichspatentamt in Berlin an. Mit der Bewilligung des Antrags war ein Schutz vor Nachahmung von drei Jahren verbunden, der noch einmal um die gleiche Zeit verlängert werden konnte. Außerdem wurde dem Hersteller gestattet, den Vermerk D.R.G.M. auf seinen Produkten anzubringen, der für „Deutschen Reichsgebrauchsmusterschutz" steht und als Abschreckung gegen das Kopieren der Idee gedacht war.

Langs Antrag vom Mai 1933 ist erhalten; er umfaßt vier Seiten: einen Brief, die Begründung des Schutzanspruchs, eine Zeichnung (Abb. 51) und eine Beschreibung, die ausführlich das Neuartige schildert:

„Die Neuerung besteht nun darin, dass die Rückwand Schlitze aufweist, in welchen Engels- oder andere Figuren derart befestigt sind, dass man sie an Schiebern bewegen kann, welche durch die Schlitze hindurch mit der Schiebefigur verbunden sind (Abb. 50).
Die Vorderwand ist aber derart durch Baumgruppen und Gewölk ausgestattet, dass sämtliche Figuren in ihrer Ausgangsstellung dahinter Platz finden und zunächst dem Auge des Kindes entzogen sind.
Auf diese Weise kann im Sinne des Kalenderzweckes täglich eine neue Figur hervorgezogen werden.
Abgesehen von der originellen Erscheinungsart der Figuren, die hinter dem Walde hervorzutreten oder

hinter den Wolken herabzuschweben scheinen, besteht der grosse Vorteil der Neuerung darin, dass die Figuren in ihre Ausgangsstellung zurückgeschoben werden können und so der Kalender sich mehrere Jahre hindurch verwenden lässt, was bei den Kalendern, die die Figuren aufkleben oder ausbrechen, nicht der Fall ist.“

„Es gibt nichts Ähnliches in dieser Art“, schrieb Lang über die Adventskalender mit Ziehfiguren in einem Prospekt. So neuartig diese Idee im Bereich der Adventskalender auch war, auf dem Gebiet der Luxuspapier-Fabrikation kannte man die mit Laschen bewegbaren Papierfiguren schon im 19. Jahrhundert. Der Effekt der Veränderung und Überraschung vervielfachte sich in den Adventskalendern erheblich, wenn nacheinander neunzehn verschiedene Figuren zum Vorschein kamen.

„Vom Himmel Hoch“, der erste Adventskalender mit Figuren zum Ziehen, lebt ganz von dieser Wirkung (Abb. 49): Aus einem verschneiten Wald mit Wolken ziehen – und das ist buchstäblich zu verstehen – nacheinander Knecht Ruprecht, Waldtiere und musizierende Engel zu einer frei stehenden Holzhütte, deren Türen am 24. Dezember geöffnet werden. Dort liegt ein Wickelkind im Stroh, umgeben von knienden Engeln mit gefalteten Händen. Im Vordergrund verwendete Dora Baum, die Illustratorin, hellere Farben, den Hintergrund mit der schwarz-blauen Waldsilhouette und den gelben Sternen hielt sie eher im Dunkeln.

„Das Christkind im Walde“ (Abb. 53) gleicht dem eben beschriebenen Adventskalender. Auch hier werden vor einer schwarz-blauen Waldsilhouette mit gelben Sternen nacheinander St. Nikolaus, Tiere, Engel und das Christkind hervorgezogen. Der Effekt wird dadurch verstärkt, daß die Figuren jeweils hinter Baumstämmen oder verschneiten Zweigen auftauchen, und die Engel in ihrer Bewegung von oben nach unten so wirken, als ob sie tatsächlich ein Stück weit

Abb. 49
Dora Baum
„Vom Himmel Hoch“
Adventskalender mit Ziehfiguren
Verlag Reichhold & Lang, Nr. 3327
München 1933
24 × 31

Abb. 50
Rückseite mit Zuglaschen

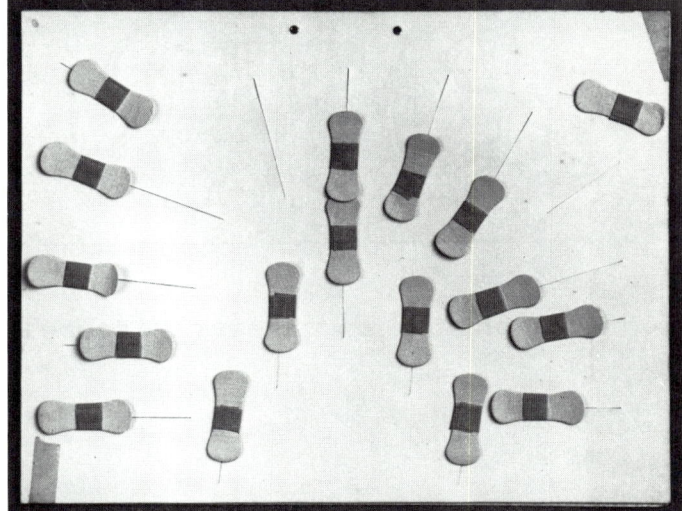

GERHARD LANG, MÜNCHEN 42, BERCHEMSTRASSE 73

FERNSPRECHER 81294 · POSTSCHECK MÜNCHEN 19349

AM......31...Mai...1933.

Betr. Adventskalender mit Schiebefiguren.

Zeichnung zu unserer Beschreibung.

Rückwand mit Führungsschlitzen

Zwischenraum für die Figuren

Vordergrund

Abb. 51

herabschwebten. Sie tragen Laternen oder Sterne und sind winterlich angezogen mit ihren weißen Mänteln, roten Mützen, Fäustlingen und Stiefeln.

Dora Baum entwarf alle Adventskalender mit Ziehfiguren. Zu jeder Ausgabe zeichnete sie noch eine eigene Tüte. Wie Gerhard Lang in seinem Antrag zum Gebrauchsmusterschutz betont hatte, konnten diese Adventskalender, durch die Tüten gut geschützt, jahrelang wiederverwendet werden.

Die Tüten, im Offsetverfahren auf Packpapier gedruckt, zeigen Motive des jeweiligen Adventskalenders über einer ausführlichen Gebrauchsanweisung (Abb. 52). Bei „Das Christkind im Walde" lautet sie:

„Das Christkind ist mit einer Schar von Engeln vom Himmel herabgeflogen und wandert nun – St. Nikolaus voran – durch den tiefverschneiten Wald, um den Kindern in Stadt und Land, die schon ganz ungeduldig warten, das Christfest zu bereiten. Noch sind die Engelein und das Christkind unsichtbar hinter den Bäumen verborgen. Damit Du Dir nun die lange Zeit vertreibst und die Tage zählen kannst, die Du noch warten mußt, so zieh täglich an einem Schieber auf der Rückseite, und zwar in der Reihenfolge der Nummern, bis am Weihnachtstage das Christkind selbst erscheint."

Der Erfolg dieser Adventskalender scheint groß gewesen zu sein. Gerhard Lang brachte ab 1933 jährlich eine neue Ausgabe heraus: „Vom Himmel Hoch" und „Christkind im Walde" folgten „Christkindleins Festzug" (s. S. 43) und „Engelreigen" (Abb. 54).

Wieder sei hier der Prospekttext mit der Ankündigung der Neuerscheinung des Jahres 1936 zitiert:

„Zum Ziehen. Zunächst schweben auf geheimnisvolle Weise die Engel hinter den Wolken hervor und zum Schluß öffnen sich die Türen, in welchen die Hl. Maria mit dem Christuskind erscheint. Prächtige Farbenwirkung."

Abb. 52
Dora Baum
Tüte zu „Das Christkind im Walde"
München 1934
24 × 31

Hinter den Türen des strohgedeckten Holzhauses im unteren Bildteil verbergen sich Knecht Ruprecht, drei Engel und Maria in rotem Kleid mit blauem Mantel, das Jesuskind auf dem Arm. An den übrigen Tagen werden hinter den Wolken Engel in weißen Hemden hervorgezogen. Sie gleichen sich untereinander erheblich, so daß nicht die große Abwechslung herrscht, wie sie noch in „Christkindleins Festzug" anzutreffen war.

Nach 1936 kamen bei RLM keine Adventskalender mit Ziehfiguren mehr heraus. Wahrscheinlich standen die Kosten für die mühevolle Handarbeit in keinem Verhältnis mehr zu dem relativ niedrigen Verkaufspreis von RM 1,– pro Stück. Der finanzielle Aufwand in der Herstellung war sicher auch der Grund dafür, daß sich nach Gerhard Lang kein Verleger diese Spezialität mehr leisten wollte.

Abb. 53
Dora Baum
„Das Christkind im Walde"
Adventskalender mit Ziehfiguren
Verlag Reichhold & Lang, Nr. 3472
München 1934
24 × 31

Abb. 54
Dora Baum
„Engelreigen"
Adventskalender mit Ziehfiguren
Verlag Reichhold & Lang, Nr. 3682
München 1936
31 × 24

Abb. 55
Dora Baum
„Die Weihnachtskapelle"
sämtliche Teile des Adventskalenders
Verlag Reichhold & Lang, Nr. 1155
München 1936

Die „Weihnachtskapelle"

Im Firmenprospekt von 1936 war unter den Neuerscheinungen ein weiterer Adventskalender angezeigt, der innerhalb der RLM-Ausgaben eine Sonderstellung einnimmt und deshalb einer ausführlichen Betrachtung wert ist.
Dora Baum zeichnete nach den technischen Ideen Gerhard Langs die dreidimensionale „Weihnachtskapelle". Der Adventskalender besteht aus neun Kartonteilen und zwölf numerierten Papierblättern. Alles ist so konstruiert, daß es vor und nach dem Aufstellen in einem dazugehörigen Pappschuber untergebracht

werden kann (Abb. 55). Wie schon beim „Advents-häuschen" wird auch hier nichts geklebt, sondern nur ineinander gesteckt. Das bewirkt ein leichtes Auf- und Abbauen und ermöglicht es, die „Weihnachtska-pelle" über Jahre hinweg zu verwenden.

Der Adventskalender kostete RM 2,– und hatte damit einen Preis, der damals als hoch galt; die auf-wendige Herstellung rechtfertigt ihn aber. Bis diese Ausgabe in den Verkauf kam, waren sehr viele ver-schiedene Arbeitsvorgänge nötig – ein Großteil mußte in Handarbeit ausgeführt werden. Allein für den Kapellenbau fielen folgende Schritte an: Drucken des Motivs, Kaschieren auf Karton, Stanzen der Hausform, der Fenster und Türen, Falzen der Ecken und Standlaschen, Hinterkleben der Seiten- und Rückwand mit Transparenten, Kleben der Haus-wände an einer Ecke, Zusammenlegen. Beim Dach mußten noch verstärkende Teile in die Innenflächen geklebt werden, und bei den Kulissen und dem Glockenturm war besonders das Herausnehmen der zwar ausgestanzten, aber hängengebliebenen Flächen mit Arbeit verbunden. Nach diesen Schritten war es nötig, alle Einzelteile der Kapelle in den – auch eigens angefertigten – Schuber hineinzulegen.

Von der „Weihnachtskapelle" erschienen zwei ver-schiedene Fassungen. Die frühe, 1931 unter den „Neuheiten des Jahres" aufgeführte, hat laut Pro-spekt vierzehn zu öffnende Fenster mit verschiedenen Motiven. Am 19. Dezember sollen die Flügeltüren an der Breitseite aufgemacht werden:

„Man sieht das Innere der Kapelle, in welcher 6 Kulis-sen aufgestellt sind. Täglich wird das Mittelfeld einer Kulisse herausgebrochen, so daß immer mehr der Blick nach der Tiefe freigegeben wird."

Fünf Jahre später kam eine überarbeitete Fassung heraus, die mit dem Zusatz „Ganz neu in Entwurf und Handhabung" angekündigt wurde. Im Prospekt wird sie ausführlich beschrieben:

„Die Weihnachtskapelle

Ein entzückender Kapellenbau, in dessen drei Schiffen die Verkündigung, der Ritt nach Bethlehem und die Geburt Christi mit Kulissen dargestellt sind. Bei jedem Bilde sind 4 Zwischenvorhänge eingeschaltet, von denen täglich einer entfernt wird und so den Blick nach der Tiefe immer mehr freigibt. So sieht man zuerst nur im Hause von Nazareth die kleinen Engel, dann den Hl. Joseph in seiner Werkstätte, dann die Hl. Maria und schließlich den Verkündigungsengel. Im Mittel-felde erscheinen zuerst die Hirten mit ihrer Herde, dann kommt der Stall von Bethlehem zum Vorschein, schießlich Joseph und Maria, bis dann hinter dem letzten Vorhange die Krippe selbst mit dem Jesuskinde in weihnachtlichem Lichte erstrahlt."

Diese detailreiche Beschreibung war für Besteller und Käufer gleichermaßen wichtig. Sie ersparte den Ver-tretern und Verkäufern den langwierigen Aufbau. Angesichts eines schmalen Pappschubers fällt es schwer, sich die fertige „Weihnachtskapelle" in ihrer Wirkung vorzustellen. Nach dem Aufbau auf der als Standfläche dienenden Schachtel ist sie eine Mischung aus Papiertheater mit Kulissen, Papier-krippe und biblischen Figuren und Adventskalender mit Klappfenstern. Die Hausarchitektur, die Tiefen-staffelung und die geöffneten Türen und Fenster erge-ben einen ganz besonderen Effekt, der noch dadurch erhöht werden kann, daß eine Lichtquelle den Adventskalender beleuchtet (Abb. 56).

In der späteren Fassung sind kaum noch Fenster zum Öffnen vorhanden; nur vom 6. bis 9. Dezember wer-den die Papierfensterläden unter dem Dach aufge-macht, hinter denen sich Engel verbergen. Am 10., 15. und 20. öffnet man die Flügeltüren der „Weih-nachtskapelle". Für die übrigen Tage werden die Kulissen verwendet: Vier numerierte, ausgestanzte Kartonteile mit verschiedenen Motiven müssen in die Schlitze der Seitenwand gesteckt werden. Noch vor diesem Einbau sind alle „Zwischenvorhänge" – rechteckige Blätter mit aufgezeichneten Wolken und roter Tageszahl – hinter der jeweiligen Papierlasche am oberen Kulissenrand angebracht worden.

Beim täglichen Abnehmen eines „Wolkenvorhanges", so der Name auf dem Kartondeckel, kommt eine neue Szene hinzu; immer mehr Figuren werden sichtbar. Dora Baum hat die Engel, Hirten und die Heilige Familie auf den Kulissen aber so geschickt versetzt, daß sie sich nie gegenseitig verdecken, sondern bis zum Schlußbild sogar ergänzen. Die Motive vom 14., 19. und 24. Dezember liegen außerhalb der Kulissen. Der durchbrochene Hintergrund der Kapellenrückwand wurde mit einem Transparent hinterklebt. Es zeigt eine orientalische Landschaft mit einem Idealbild von Bethlehem und am 24. das Jesuskind in der Krippe.

Am Heiligen Abend, wenn alle Fenster und Türen offenstehen, sind unter dem Dach der „Weihnachtskapelle" dann alle Szenen gleichzeitig zu sehen: Gabriels Besuch bei Maria, Josefs und Marias Gang nach Bethlehem und die Anbetung der Hirten.

Die „Weihnachtskapelle" bildet den Höhepunkt der Adventskalender von RLM. Was 1908 mit einem einfachen Karton und einem Ausschneidebogen begonnen hatte, endete rund drei Jahrzehnte später mit einer höchst wirkungsvollen Mischung aus Guckkastenbild, Papierkrippe, Papiertheater und Adventskalender.

Außerdem vereinigt die „Weihnachtskapelle" noch einmal jene Elemente in sich, die alle Adventskalender von RLM auszeichnen: herstellungstechnische Perfektion, großen Einfallsreichtum in der Handhabung, gute Zeichnung und höchst originellen Effekt.

Gerhard Langs Wirkung

Die Adventskalender, die bei RLM erschienen, blieben unerreicht; keiner der zeitgenössischen oder nachfolgenden Verlage bot diese Vielfalt in den Handhabungen an, und nur wenige bemühten sich um ein ähnlich ausgewogenes Angebot in den Entwürfen. Gerhard Lang war ein Hersteller, wie wir ihn auch aus anderen Bereichen der populären Druckgraphik kennen. Sein hoher Anspruch – durch Ausbildung und langjährige Erfahrung gewachsen – bestimmte das Erscheinungsbild vom größten bis zum kleinsten Produkt seines Sortiments. In bezug auf die Adventskalender spielte Langs Selbstverständnis als deren „Erfinder" eine entscheidende Rolle. Schreckten andere Verleger vor komplizierten Handhabungen zurück, so scheint es für ihn geradezu eine Herausforderung gewesen zu sein, neue Ideen zu entwickeln und sie dann umzusetzen.

Daß Gerhard Lang die Adventskalenderproduktion aber nicht steckenpferdmäßig betrieben hat, zeigt ein Blick auf das ausgewogene Sortiment. Hier war an Kunden aller Geschmacksrichtungen und aller Preisvorstellungen gedacht, und auch verschiedene Altersstufen der Kinder wurden berücksichtigt. Auch die Prospektgestaltung, die Firmenwerbung auf allen gedruckten Exemplaren, die Ankündigung von Neuheiten und Weckung von Bedürfnissen lassen den guten Geschäftsmann erkennen, der seiner „Erfindung" zur Durchsetzung und überregionalen Verbreitung verhelfen konnte.

Alle diese Mittel nützten aber bald nichts mehr angesichts einer veränderten wirtschaftlichen Situation mit gestiegenen Löhnen und einer billiger und einfacher produzierenden Konkurrenz. Die aufwendigen Adventskalender von RLM galten im Vergleich zu den Pfennigartikeln anderer Verlage schon als zu

Abb. 56
Dora Baum
„Die Weihnachtskapelle"
Verlag Reichhold & Lang, Nr. 1155
München 1936

Abb. 57
Dora Baum
„Singet und Klinget"
Adventskalender mit Figuren
zum Stecken
F.A. Ackermanns Kunstverlag,
Nr. 3921, München 1949
40 × 25 × 12

teuer, obwohl sie nur mit einer minimalen Gewinnspanne kalkuliert worden waren. Als sich diese Entwicklung zuspitzte, sah sich Gerhard Lang gezwungen, die Produktion ganz einzustellen; 1940 löste er RLM endgültig auf.

Die Bedeutung der „Erfindung" Gerhard Langs ist groß: Adventskalender gehören heute untrennbar zu den Wochen vor Weihnachten. Schon 1974, als Lang starb, wurden sie in vielen Ländern der Welt verwendet; inzwischen hat ihr Bekanntheitsgrad noch erheblich zugenommen.

Die Wirkung der Langschen Ideen und seiner Arbeit bei RLM läßt sich auch anhand der Fülle der Nachahmungen einschätzen. Andere Verlage griffen bereitwillig auf die Motive der RLM-Adventskalender zurück: Engel im Himmel und auf der Erde, geschmückte Weihnachtsbäume, Krippenszenen, verschneite Städte und Weihnachtsmänner bestimmen bis heute das Angebot.

Auch Langs Handhabungen scheinen ihre Gültigkeit noch lange nicht verloren zu haben. Die in New York ansässige Firma „Merrimack" bietet seit 1983 einen „Old Fashioned Advent Christmas Tree" an, der sehr an jenen „Adventsbaum" von RLM erinnert, den Dora Baum gezeichnet hatte (vgl. Abb. 48). Täglich wird bei der neuen Ausgabe eine der 24 auf Karton kaschierten Engelsfiguren auf den aus gleichem Material bestehenden, aufstellbaren Tannenbaum gesteckt. Der Aufwand eines doppelseitigen Drucks, der vielfachen Stanzung, der „Hot-Gold-Stamped Angels" und einer eigens gefertigten Verpackung wurde bei dieser neuen Ausgabe nicht gescheut. Was um 1935 noch in München hergestellt werden konnte, kommt nun – laut Aufschrift – aus Hongkong.

Nach dem Zweiten Weltkrieg arbeitete Gerhard Lang bei verschiedenen Münchner Verlagen; 1949 kam er als Geschäftsführer zum F. A. Ackermanns Kunstverlag, wo er bis zu seiner Pensionierung 1957 blieb.

Bei Ackermann erschienen in diesen Jahren etwa zehn Adventskalender. Einen Großteil der Entwürfe lieferten Künstlerinnen, die schon für RLM tätig gewesen waren: Dora Baum, Elsa Schnell-Ditmann und Else Wenz-Viëtor.

Der 1949 herausgekommene Adventskalender „Singet und Klinget" ähnelt den RLM-Ausgaben am meisten. Dora Baum hatte für ihren letzten Entwurf ein querformatiges Motiv gezeichnet, das in achtzehn Felder – umgeben von geschmückten Tannenzweigen – unterteilt ist. In jedem Feld steht ein Engel, am 24. ist es das Christkind. Lang verwendete hier die gleichen Figuren, die schon den „Adventsbaum" (vgl. Abb. 48) geschmückt hatten, nur Knecht Ruprecht fehlt.

Wieder führt eine „Gebrauchsanweisung" – diesmal auf der Rückseite des Adventskalenders – in dessen Verwendung ein:

„Stelle den Kalender mit der Spitze nach vorne auf und setze die beiden Wolkenwände darüber, indem du ihre Schlitze in die mit A, B, C, D bezeichneten Schlitze der Wand einsteckst. Nun brich am 7. Dezember beginnend, täglich eine Fensterfüllung heraus, löse vorsichtig die Engelsfigur los . . . Dann stecke die Engel in die mit den Tagen bezeichneten Schlitze ein, . . . bis am Weihnachtstage die ganze Schar der Engel das Christkind umflattert."

Wenn die Engel herausgenommen sind, kommen hinter ihnen farbige Transparente zum Vorschein: Engel fliegen mit Lichtern, Kinder gehen durch die Nacht, und Hirten sind mit ihren Schafen unterwegs (Abb. 57).

Bei „Singet und Klinget" gelang es Gerhard Lang noch einmal, mit einem verhältnismäßig geringen technischen Aufwand – gestanzter Karton, mit Transparent hinterklebt – eine maximale Wirkung zu erreichen.

„Vorweihnachten": der ideologisierte Advent

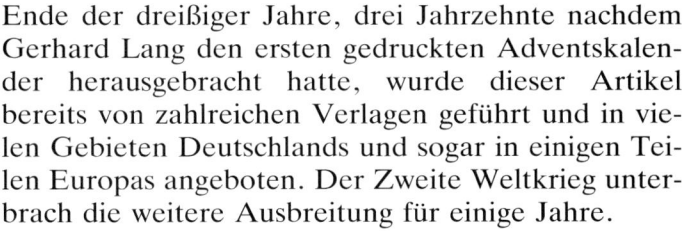

Ende der dreißiger Jahre, drei Jahrzehnte nachdem Gerhard Lang den ersten gedruckten Adventskalender herausgebracht hatte, wurde dieser Artikel bereits von zahlreichen Verlagen geführt und in vielen Gebieten Deutschlands und sogar in einigen Teilen Europas angeboten. Der Zweite Weltkrieg unterbrach die weitere Ausbreitung für einige Jahre.

Zwei Faktoren führten in Deutschland zum Einstellen der Adventskalenderproduktion: eine strenge Papierkontingentierung, die nach der Bedeutung der Druckerzeugnisse bemessen war, und das Anfang der vierziger Jahre ergangene Verbot, Bildkalender zu drucken.

Für den Franz Eher Verlag wurde – wohl wegen seiner parteipolitischen Bedeutung – eine Sonderregelung getroffen. Der Verlag, 1885 in München gegründet, gehörte ab 1920 den Nationalsozialisten. Hier erschienen u.a. der „Völkische Beobachter" und Hitlers „Mein Kampf". Nach der Machtergreifung gab „die gesamte Politprominenz von Goebbels bis Schirach" ihre Bücher bei Franz Eher heraus (Schier 150). Ein kleiner Zeitungsverlag war innerhalb kürzester Zeit zum „Zentralverlag der NSDAP, Franz Eher Nachf." geworden, wie der offizielle Titel hieß.

1942 veröffentlichte Thea Haupt in diesem Verlag einen vor ihr zusammengestellten Adventskalender, dem im darauffolgenden Jahr eine inhaltlich und graphisch überarbeitete Fassung folgte. Bei beiden Ausgaben handelt es sich um ein geklammertes Heft mit etwa sechzig Seiten. Für jeden Tag gibt es ein doppelseitig bedrucktes Blatt, das abwechselnd Geschichten, Lieder, Sprüche, Spiel- und Bastelvorschläge enthält. Den Texten zum 24. Dezember folgen einige Märchen.

Über den Anlaß zur Veröffentlichung von „Vorweihnachten" ist nichts bekannt: Waren diese Hefte als Ersatz für die herkömmlichen Adventskalender, für Geschichten- und Bastelbücher gedacht, die es kaum

Abb. 58
„Vorweihnachten"
Titelblatt von J. L. Gampp
Zentralverlag der N.S.D.A.P.
Franz Eher Nachf.
München 1942
23 × 16

noch zu kaufen gab? Sollten sie vom Kriegsalltag ablenken oder tatsächlich das Warten auf Weihnachten gestalten? Auch über die Zahl der gedruckten Exemplare und den Vertrieb kann man nur spekulieren. Die exponierte Stellung des Verlages und die Auflagenhöhe der anderen hier erschienenen Werke deuten darauf hin, daß „Vorweihnachten" in höheren Stückzahlen hergestellt und im größeren Maßstab – eventuell bevorzugt den Parteimitgliedern – angeboten wurde.

Der Verlag, der Zeitpunkt des Erscheinens und der Vertrieb des Adventskalenders lassen aufhorchen. Beim genaueren Lesen der Texte und Betrachten der Bilder stellt sich heraus, daß es hier nicht mehr um reine Unterhaltung geht, sondern um die Vermittlung einer bestimmten Ideologie. Der Parteiverlag bediente sich des bei Kindern sehr beliebten Adventskalenders, um politische Propaganda zu betreiben. Aus bunt gefaßten Holzschnitten und leicht verständlichen Texten sprechen nationalsozialistische Thesen. Es beginnt bei dem Titelblatt (Abb. 58): Ein Feuerrad dreht sich in einem Nadelbaum. Im Verständnis der Zeit und vor allem im Zusammenhang mit einem Text innen (vgl. Abb. 60) ist aber mehr dargestellt: Das kreisende Sonnenrad, das durch sein Licht und seine Wärme den Schnee wegschmilzt, wird zum Zeichen für den Sieg des Lebens über den Tod. Die Illustration von J. L. Gampp läßt noch eine zweite Deutung zu: Die vier sich drehenden Flammen nehmen deutlich Form und Stellung des Hakenkreuzes auf, des „Sinnbildes zum Kampf unseres Großdeutschen Reiches für seine lichte Zukunft und seinen ewigen Bestand" (vgl. Abb. 60). Der Sieg des Sonnenrades bedeutet dann einen erfolgreichen Ausgang des Krieges für das „Großdeutsche Reich".

Auch die Namensgebung des Kalenders war Programm: „Vorweihnachten" steht statt Advent; das deutsche Wort ersetzt das lateinische.

Die Vereinnahmung von Advent und Weihnachten setzt sich auf den Innenseiten fort. Die Beiträge aller Autoren und sogar die Illustrationen sind dadurch gekennzeichnet, daß sie das christliche Element des Weihnachtsfestes weitgehend durch Germanisches und Völkisches ersetzen. Außerdem fällt auf, daß der Kriegsalltag oft in Text und Bild vorkommt.

Sonnwendkranz, Lichtkind, Sinnbilder

Das Weihnachtsfest wurde während des Dritten Reiches stark verändert. Es ging bei der von parteipolitischer und auch volkskundlicher Seite betriebenen Umgestaltung weniger darum, germanische Wintersonnwendfeiern im 20. Jahrhundert zu inszenieren, sondern um eine kontinuierliche Verdrängung des Christlichen zugunsten neuer Inhalte.

„Vorweihnachten" ist in dieser Hinsicht ein getreues Abbild der Zeit. Man behält die Grundelemente des Weihnachtsfestes – Kranz, Gebäck, Geschenke, Baum, Feiern – bei, aber alles bekommt mit dem anderen Namen einen neuen Sinn. Barbarazweige heißen nun „Weihnachtszweige" und gelten als „Boten der wiederkehrenden Sonne", Sankt Nikolaus wird zum Knecht Ruprecht, dessen Schimmel ihn als den Schimmelreiter Wotan ausweist, und das Christkind verwandelt sich in ein „Lichtkind", ein Symbol für Sonne, Helligkeit, Frieden und Neubeginn. Die Rauschgoldengel auf den Weihnachtsbäumen machen den selbstgebastelten Sonnenrädern aus Holz Platz: „Weihnachten ist Sonnenwende; die wiederkehrende Sonne kreist deshalb, von der Wärme der Lichter bewegt, auf der Baumspitze." Unterhalb des Weihnachtsbaums steht nun ein „Weihnachtsgärtlein" mit ausgesägten Holztieren an der Stelle der Krippe.

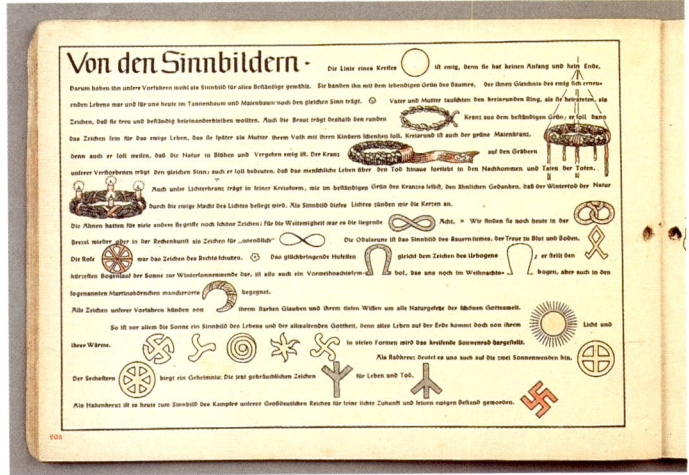

Abb. 59
„Lichtersprüche"
Bild: Alfred Seckelmann
Text: Thilo Scheller
In: „Vorweihnachten", S. 22 a
Zentralverlag der N.S.D.A.P.
Franz Eher Nachf.
München 1943
16 × 23

Abb. 60
„Von den Sinnbildern"
Bild: Hans Schirmer
Text: Thea Haupt
In: „Vorweihnachten", S. 20 a
Zentralverlag der N.S.D.A.P.
Franz Eher Nachf.
München 1942
16 × 23

Beim Adventskranz ändert sich von der Form her nichts – es bleibt bei einem Tannenkranz mit vier roten Kerzen – dafür um so mehr an der Deutung (Abb. 59). Thilo Scheller, hauptberuflich für „Feiergestaltung" zuständig, entwickelte einen auf die Kriegszeit bezogenen Brauch um den „Sonnwendkranz": Jedes der vier Lichter wird von einem anderen Kind auf den Kranz gesteckt, wobei die Kerzen nacheinander der Mutter, armen Menschen, den Soldaten und dem Führer gewidmet sind:

„Mein hellstes Licht sei dem Führer geschenkt,
Der immer an uns und Deutschland denkt."

Für viele in „Vorweihnachten" abgedruckte Erzählungen, Sprüche und Brauchvorschläge ist charakteristisch, daß sie ganz bewußt auf Vorhandenes zurückgreifen. Bei christlichen Weihnachtsliedern läßt man die wohlbekannten Melodien stehen, verfaßt aber einen neuen, „zeitgemäßen" Text. So werden bei „Es ist ein Ros entsprungen" die Begriffe Rose, Jesus, Wurzel Jesse zu Licht, Glaube, Sieg und Frieden:

„Uns ist ein Licht erstanden
in dunkler Winternacht.
So ist in deutschen Landen
Der Glaube hell entfacht:
Es kommt der Sonne Schein!
Nach vielen harten Tagen,
muß Sieg und Friede sein."

Beim Vermischen von Altem und Neuem stehen dann Sprichwörter neben politischen Bekenntnissen, und auf das Wiegenlied „Schlaf, Kindchen, schlaf" folgt das neue Abendgebet:

„Nun will ich ruhig schlafen
und nach der stillen Nacht,
mich mühn, auf deutschen Erden,
so stark und gut zu werden,
daß es dem Führer Freude macht."

In eigenen Beiträgen werden die „Sinnbilder" als „ahnenüberkommene Zeichen germanischer Weltschau" erklärt (Abb. 60): Kreise stehen für Ewigkeit, der „Lichterkranz" symbolisiert den „Gedanken, daß der Wintertod der Natur durch die ewige Macht des Lichtes besiegt wird", Baum und Familie sind „ein rechtes Sinnbild des Lebens", und Kerzen am Weihnachtsbaum stellen einen „Gruß der Sonne" dar. Auch das Weihnachtsgebäck gibt Einblick in große Zusammenhänge: Brezeln sind gleichzusetzen mit Weltenewigkeit, und Hörnchen nehmen in ihrer Form den Urbogen oder die Odalsrune auf, das „Sinnbild des Bauerntums, der Treue zu Blut und Boden".

Jedes „Sinnbild" ist Zeichen für die ungebrochene germanische Überlieferung bis in die Gegenwart, und weil alle Elemente des Weihnachtsfestes als „Sinnbilder" gedeutet werden, ist der „Beweis" gegen jeglichen christlichen Einfluß erbracht.

Panzerbilder, Schneebunker, Heldengedenken

In „Vorweihnachten" nimmt das Thema Krieg breiten Raum ein. Nie zuvor und nie danach fand dieser Bereich Eingang in die Adventskalender. In Text und Bild wird ganz deutlich auf den in den Erscheinungsjahren 1942 und 1943 andauernden Zweiten Weltkrieg angespielt. Auch das macht die Einmaligkeit von „Vorweihnachten" aus: der konkrete Bezug zur zeitgenössischen Wirklichkeit.

Der Partei- und Verlagspolitik entsprechend, wird der Sieg Deutschlands vorausgesetzt. In den als Malthema empfohlenen Kriegsszenen (Abb. 64) besiegt die Wehrmacht mühelos alle Feinde: Die sowjetischen Panzer gehen in Flammen auf, und die feindlichen Schiffe brechen schon vor dem Torpedieren in Stücke.

Einige Seiten später ist ein Spielvorschlag abgebildet, bei dem die Schlacht an der Front nacherlebt werden kann (Abb. 62): In zwei „Schneebunkern" kämpfen Jungen gegeneinander. Einige von ihnen haben ihre HJ-Uniformen an. Selbst der Schneemann trägt eine Stahlhelm-ähnliche Kopfbekleidung und eine Art Gewehr.

Viel weniger heroisch nahm sich der Krieg im Alltagsleben aus, und auch das ist in „Vorweihnachten" enthalten: Familien ohne Väter, „Feldpostbriefe an den Onkel", Backrezepte mit Kunsthonig und fast keinem Fett (Abb. 61), Bastelvorschläge mit Kastanien, Papierbindfaden oder Holz und ganz einfache Geschenke, bei denen im dazugehörigen Text der ideelle gegenüber dem materiellen Wert hervorgehoben wird:

„Das Wichtigste aber ist doch dabei: Jedes Geschenk bekommt erst seinen rechten Wert durch die Mühe und Liebe, die man dafür aufwendet. Deshalb ist der Krieg ein guter Lehrmeister für das richtige Schenken."

Der „Sinn des Weihnachtsfestes" liege „nicht in vielen Geschenken, sondern darin, daß wir die dunkle schwere Zeit überwinden mit dem festen Glauben an die Wiederkehr der hellen, sonnigeren Lebenstage."

Es blieb nicht bei dem vorausgesetzten Sieg, dem Nacherleben des Kampfes im Malen und Spielen und dem „Lehrmeister für das richtige Schenken". In „Vorweihnachten" ist der Krieg mit den Soldaten an der Front ständig präsent. Nur sie machen es möglich, daß die Mütter daheim mit ihren Kindern Weihnachten feiern können. Deshalb gilt den lebenden Kämpfern der besondere Dank, den Toten das Gedenken. Am 23. Dezember, am Tag vor dem Heiligen Abend, ist in beiden Ausgaben ein Holzschnitt mit zwei Soldaten abgedruckt, die vor einem mit Kerzen geschmückten Weihnachtsbaum an einem Grab ste-

Abb. 61
„Wir backen zum Fest"
Bild: Hans Schirmer
In: „Vorweihnachten", S. 13 a
Zentralverlag der N.S.D.A.P.
Franz Eher Nachf.
München 1942
16 × 23

hen (Abb. 63). Ein Rahmen aus Tannenzweigen, Kerzen, Schriftbändern und kleinen Zeichnungen umgibt diese Szene. Die Fronten, an denen Deutschland kämpfte, sind hier festgehalten: Sie reichen vom Atlantik bis nach Kreta, von Norwegen bis nach Afrika. Der darunter stehende Text fordert zum Dank für die „geborgene Weihnachtsruhe" auf und regt dazu an, für „alle die Getreuesten" in „jedem Hause ein Licht" anzustecken.

„Vorweihnachten" ist ein wichtiges Zeitdokument. Es spielt keine entscheidende Rolle, ob die enthaltenen Vorschläge für Bräuche, „Sinnbilder" und neue Lieder tatsächlich in die Praxis umgesetzt wurden; viel wichtiger ist die vollständige Vereinnahmung des Festes für politische Zwecke.

Abb. 62
„Wir bauen Schneebunker und Schneemänner"
Bild: Willy Knabe
In: „Vorweihnachten", S. 13
Zentralverlag der N.S.D.A.P.
Franz Eher Nachf.
München 1943
23 × 16

Abb. 63
„Soldatenweihnachten"
Bild: Willy Knabe
Text: Thea Haupt
In: „Vorweihnachten", S. 23
Zentralverlag der N.S.D.A.P.
Franz Eher Nachf.
München 1942
23 × 16

Aus Gesprächen mit Benützern dieses Kalenders ging hervor, daß sie viel Freude an den Geschichten, Rätseln, Spielen und Bildern hatten und die Ideologie dahinter kaum bemerkten. Lag das aber vielleicht daran, daß sie schon so daran gewöhnt waren, daß es ihnen gar nicht mehr auffiel?

Heute, mit einem zeitlichen Abstand von über vierzig Jahren, werden wir hellhörig, wenn von Radkreuzen, „Sinnbildern", Lichtkindern und Sonnenrädern die Rede ist. Es verwundert deshalb sehr, daß „Vorweihnachten" unter demselben Titel dreimal wiederaufgelegt wurde: 1968 gab die damals noch lebende Thea Haupt eine stark überarbeitete Fassung mit christlichem Anstrich heraus, der 1973 eine zweite folgte. Die in den achtziger Jahren erschienene Ausgabe greift dagegen fast in allem auf die Vorlagen der vierziger Jahre zurück. Die Hakenkreuze wurden weggelassen, aber „Hohe Nacht der klaren Sterne" von Hans Baumann, d a s nationalsozialistische Weihnachtslied, fehlt genauso wenig wie der Schimmelreiter Wotan und der mit „Sinnbildern" behängte Weihnachtsbaum. Das Titelbild enthält ein Foto von einem „Klausenbaum und einem Julbock".

Abb. 64
„Kinder malen"
Bild: Theo Steinoel
In: „Vorweihnachten", S. 9 a
Zentralverlag der N.S.D.A.P.
Franz Eher Nachf.
München 1942
16 × 23

Religiöse Adventskalender-Motive

am Beispiel des Ars Sacra Verlages

Josef Müller, 1872 in Tirol geboren, gründete nach seiner Buchhandelslehre in München 1896 den „Kunstverlag Josef Müller, München. Institut für kirchliche Kunst". Hinter diesem Titel verbarg sich ein Verlag, der religiöse Bücher, aber auch Krippenfiguren und Rosenkränze herstellte. Auf dem Gebiet der Gebetbuchbildchen nahm er um 1910 weltweit den ersten Platz ein: Etwa 200 Personen waren nur mit deren Herstellung und Vertrieb beschäftigt.

Nach dem Ersten Weltkrieg trennte sich Josef Müller aus persönlichen und finanziellen Gründen von einem Großteil seines Verlages. Er „gab mit dem Verkauf der früheren Firma nicht das Interesse am Verlagswesen auf. Gleich zu Beginn 1919 eröffnete er eine neue Firma mit den Namen: Verlag und Kunstwerkstätten ‚Ars Sacra' Josef Müller. Erstmals tritt hier der Name Ars Sacra – in Anführung – auf" (Tschudy, 5).

Zwei Bereiche zeichnen damals den Ars Sacra Verlag aus: Das Buchprogramm enthält eine anspruchsvolle Auswahl an literarischen, philosophischen und modernen theologischen Titeln; außerdem sind alle Bücher von einer hohen herstellungstechnischen Qualität.

Eine Fachzeitschrift für Bibliophile widmete dem Verlag 1936 einen längeren Beitrag. Darin heißt es: „Wir können dem Ars Sacra Verlag die Anerkennung aussprechen, daß er auf dem Gebiete der Buchkultur in bahnbrechender Weise Hervorragendes geleistet hat." (Rost, 113)

Ab den zwanziger Jahren kamen hier auch zahlreiche Kinderbücher von Josef Madlener, Ida Bohatta-Morpurgo und Berta Hummel heraus.

Die Leistung des Verlages wird in dem oben genannten Beitrag mit den folgenden Worten zusammengefaßt: „Wir sehen eine Arbeit aus einem Guß. Kein einziges Werk ist in dem Ars Sacra Verlag erschienen, das nicht in den Geist und die religiöse Sendung des Verlages hineinpassen würde." (Rost, 122) Gerade diese „religiöse Sendung" aber war schon zur Erscheinungszeit dieses Artikels in politischen Kreisen höchst unerwünscht: 1942 wurde erst der Zusatz ,Ars Sacra' und bald darauf die ganze Produktion verboten.

Nach 1945 knüpfte Herbert Dubler, der Schwiegersohn des Verlagsgründers, an die früheren Programmschwerpunkte an. Seine Tochter Elisabeth, die von 1962 bis 1979 dem Verlag vorstand, baute den Bereich der Geschenk- und Kinderbücher noch weiter aus. Seit 1981 besteht der Verlag unter dem Namen ars edition.

Die Vermittlung christlicher Werte in Bild und Text

Der Verlag Ars Sacra Josef Müller hatte schon ab den zwanziger Jahren eine große Anzahl von Bildern, Postkarten und reich illustrierten Bilderbüchern zu Themen des Weihnachtskreises im Sortiment. Es scheint also nicht an einem Mangel geeigneter Illustratoren gelegen zu haben, wenn hier vor dem Zweiten Weltkrieg noch keine Adventskalender herausgekommen sind.

Erst 1949 erschien der erste Adventskalender; etwa 30 weitere folgten. Die Anfänge der Produktion erinnern an die bei Reichhold & Lang: Eine routinierte Illustratorin fertigt einen Entwurf nach bekanntem Muster an. Ida Bohatta-Morpurgo (*1900) orientiert sich bei „Der Weg nach Bethlehem" völlig an dem Adventskalender „Die Krippe" von Richard Ernst Kepler.

Bohattas Darstellung von der Verkündigung, von Marias Ritt auf dem Esel, ihre Anordnung der Figuren und ihre Wegführung erinnern sehr an die Vorlage, und auch der Abreißblock mit Bildern zum Ausschneiden und Aufkleben wurde übernommen.

Was Ida Bohatta-Morpurgos Entwurf von dem Keplerschen unterscheidet, sind zusätzlich hineingezeichnete Engel, Kinder und Tiere, die neue Szene mit Elisabeth und dann vor allem die Verlagerung des Geschehens in eine verschneite Winterlandschaft.

Diesem ersten Adventskalender mit Abreißblock von Ars Sacra folgten noch drei ähnliche, doch schon bald erwies sich der Abreißblock – Blatt für Blatt in Handarbeit zusammengesetzt – in der Herstellung als zu teuer. „Weihnacht für alle Kinder" (Abb. 65) aus dem Jahre 1977 enthält die Ausschneidefiguren auf einem beigelegten Blatt. Von dieser Beilage durfte täglich eines der von Ida Bohatta-Morpurgo gezeichneten Kinder ausgeschnitten und auf den dafür vorgesehenen Platz geklebt werden. Am 24. Dezember gehen dann Kinder aus allen Teilen der Erde zum Jesuskind in der Krippe.

Allen Adventskalendern von Ars Sacra wurde ein zusätzliches Textblatt beigelegt, das in Versen oder kleinen Geschichten die Bilder christlich interpretierte.

Spricht bei „Weihnacht für alle Kinder" schon aus der Zeichnung ein missionarischer Gedanke – wenn Kinder aus Nordamerika, Afrika, Japan und Europa gemeinsam das Christkind anbeten – so führt das Textblatt diese Idee noch weiter aus. In einem einleitenden Abschnitt ist von der großen Weltfamilie die Rede, bei der alle Menschen Freude und Not miteinander teilen und in einer „guten Gemeinschaft" leben. Die Tagestexte kommentieren die Handlungen der Kinder, die ganz im Zeichen der Freundschaft und Verbundenheit stehen. Zu den Mädchen am unteren linken Bildrand heißt es:

„Ich bin Indianerin, aus Nordamerika. Der Missionar hat vom Christkind erzählt. Ich will zum Christkind, auch wenn der Weg weit ist. Gertrud sagt zur kleinen Indianerin: Du wirst hungrig sein vom langen Wandern. Nimm dieses Brot. Ich teile gerne mit dir."

Abb. 65
Ida Bohatta-Morpurgo
„Weihnachten für alle Kinder"
Rückwand und Figurenblatt
Verlag Ars Sacra Josef Müller, Nr. 582
München 1977
à 32 × 22

Auf dem Weg zur Krippe stützt der Stärkere den Schwächeren, ein großes Mädchen trägt ein kleineres und ein anderes leuchtet den Weg. Vor dem Stall knien Kinder aus vier Erdteilen um die Krippe und fassen sich an den Händen: „Wir wollen einander lieben und mit allen in Frieden leben."

Ein anderer Adventskalender von Ars Sacra trägt ebenfalls diesen missionarischen Zug. Liu-Ho-Peh zeichnete 1969 „Weihnacht in China" (Abb. 66),

wobei er das Geschehen um die Geburt Jesu nach Asien verlagerte. Der Adventskalender beginnt bei der Vertreibung aus dem Paradies und läßt dann Szenen aus Marias Leben in asiatischen Häusern spielen. Die Türen eines kleinen, tempelähnlichen Gebäudes auf einem Berggipfel, die am 24. aufgehen, zeigen die Heilige Familie. Im beigelegten Textblatt werden Konfuzius und andere chinesische Philosophen als christliche Propheten interpretiert:

Abb. 66
Liu - Ho - Peh
„Weihnachten in China"
Verlag Ars Sacra Josef Müller, Nr. 566
München 1969
39 × 29

Abb. 67
Sara Ball
„Adventkrippe"
Verlag Ars Sacra Josef Müller, Nr. 577
München 1975
à 30 × 39

„Alle Welt bereitet sich auf die heilige Nacht vor. Auch im fernen China gehen Christen den Weg zur Krippe. Die Weisen ihres Volkes haben diesen Weg vorausgeahnt."

Bei jedem Bild des Adventskalenders stehen dann Worte aus der Bibel neben Sätzen chinesischer Gelehrter. Der Abschnitt zum 24. Dezember heißt:

„. . . und sie finden Maria und Joseph und das neugeborene Kind in der Krippe.
Konfuzius sagt: Der Weg des Heiligen ist es, alles zu beleben; er ist erhaben und steigt bis zum Himmel auf."

„Weihnacht in China" war alles andere als ein Verkaufserfolg. Die fremde Landschaft und die anspruchsvollen Texte auf dem Beiblatt erschwerten den Verkauf derart, daß es zu keiner Wiederauflage kam.

1975 erschien bei Ars Sacra die „Adventkrippe" (Abb. 67). Obwohl Sara Ball d a s Weihnachtsmotiv schlechthin gestaltet hatte, wurde auch dieser Adventskalender kein Erfolg. Das lag vermutlich an der Art der Handhabung: Kalender mit Ausschneidefiguren waren inzwischen wegen der damit verbundenen Mühe immer unbeliebter geworden. Bei der „Adventkrippe" ergeben die ausgeschnittenen und aufgestellten Figuren am 24. Dezember eine ganze Krippe: Hirten mit ihren Schafen und Könige mit reichen Gaben stehen um die Heilige Familie.

Wohl aus Mangel an geeigneten Illustratoren wurde bei Ars Sacra von 1977 bis 1979 die jährliche Neuerscheinung aus 25 gut verkauften Weihnachtspostkarten zusammengesetzt. Nach Berta Hummels und Margarete Schönermarks Motiven lieferten Maria Spötls Bilder die Grundlage für einen hochformatigen Adventskalender. „Nun singet und seid froh" enthält auf hellgrünem Grund 24 Felder, die jeweils mit einem farbigen Stern und einer schwarzen Tageszahl versehen sind und um ein größeres Motiv in der Mitte gruppiert wurden.

Hinter den geöffneten Türchen sieht man Josef, kerzentragende Engel in allen Variationen und Maria mit dem Jesuskind. Im Gegensatz zu den anderen Adventskalendern ergibt sich hier keine fortlaufende Geschichte; die Bilder stehen isoliert. Weil selbständige Illustrationen miteinander verbunden wurden, kommt es auch zu Ungereimtheiten: Schon am 8. Dezember hält Maria ihr Kind in den Armen, am 16. füttert es Josef mit Brei und am 19. knien Josef und Maria vor der Krippe.

Allen bisher gezeigten Adventskalendern von Ars Sacra war gemeinsam, daß sie stark an der biblischen Geschichte von der Geburt Christi orientiert waren oder die Krippe in den Mittelpunkt stellten. Die Besonderheit dieser Kalender lag in ihrem Anspruch, über das Bild und vor allem über den, vom Verlag beigelegten Text christliche Inhalte und Werte zu vermitteln.

Der größte Teil der Ars-Sacra-Adventskalender blieb jedoch bisher unerwähnt. In den Jahren von 1954 bis 1976 zeichnete Gudrun Keussen fast alle Entwürfe für die jährliche Neuausgabe.

Gudrun Keussen: eine Illustratorin von Adventskalendern

Gudrun Keussen zeichnete für Ars Sacra achtzehn verschiedene Adventskalender. Ihre Motive, ihr Malstil und ihre Umsetzung eines Themas prägten das Erscheinungsbild und machten über Jahre hinweg das aus, was die Kunden mit einem Adventskalender dieses Verlages verbanden. Ihr erster Adventskalender kam hier 1954 heraus; „Das Weihnachtsstädtlein", so der Titel, erschien seither immer wieder. Auch die anderen Entwürfe Gudrun Keussens wurden über Jahre, wenn nicht Jahrzehnte hinweg immer wieder aufgelegt. Von den Anfängen bis heute geht die Anzahl der nach ihren Entwürfen gedruckten Adventskalender in die Millionen.

Bevor und besonders nachdem Gudrun Keussen bei Ars Sacra tätig war, arbeitete sie an Adventskalendern für den Adolf Korsch Verlag. Die zwanzig Entwürfe, die hier entstanden, sind in der Regel ebenso auflagenstark: Eine 1971 entworfene Stadtansicht zum Aufstellen wurde seither schon über 200000 mal verkauft.

Von der Höhe der Auflagen und der Anzahl der Entwürfe her ist Gudrun Keussen die erfolgreichste deutsche Adventskalenderillustratorin der Nachkriegszeit. Der Grund ihres Erfolges liegt in den Zeichnungen, die in Malstil und Motiven gleichermaßen dem nostalgischen Geschmack der kaufenden Mütter wie den an Abwechslung interessierten Kindern gerecht werden.

Kaum ein anderer Illustrator kann eine vergleichbare adventliche Stimmung erzeugen und in Einzelszenen die Gedanken auf das Bevorstehende lenken, ohne jedoch etwas von dem Höhepunkt des Heiligen Abends vorwegzunehmen, und in nur wenigen anderen Adventskalendern taucht diese vollkommene und höchst sinnvolle Entsprechung zwischen dem Deckblatt und der Hinterklebung mit den Einzelmotiven auf.

So herausragend Gudrun Keussens Rolle unter den Zeichnern von Adventskalendern ist, so wenig wurde

Abb. 68
Gudrun Keussen
„Das Weihnachtsstädtlein"
Verlag Ars Sacra Josef Müller, Nr. 540
München 1956
29 × 39

das bisher gewürdigt: weder ideell, noch finanziell. Sie erhielt – wie alle anderen Illustratoren auch – ein Pauschalhonorar, das keine Umsatzbeteiligung vorsieht. Gerade diese finanzielle Seite relativiert dann wieder die exponierte Stellung, die ihr auf Grund der Anzahl und Qualität ihrer Entwürfe zufällt.

Gudrun Keussen soll stellvertretend für alle anderen Adventskalenderillustrator(inn)en betrachtet werden. Dabei geht es um ihre Ausbildung, die Arbeit für verschiedene Adventskalenderverlage und deren Vorgaben an sie. Ihre eigenen Vorstellungen von einem Adventskalender kommen zur Sprache und die Besonderheiten ihrer Zeichnungen. Im Mittelpunkt aber stehen die von ihr bevorzugten Motive.

Biographie und Werk

Gudrun Keussen wurde 1920 in Bonn geboren und verbrachte ihre Kindheit in Konstanz und Karlsruhe. Nach dem Abitur besuchte sie das Akademische Zeicheninstitut in Bonn und war danach ein Jahr lang Schülerin von Olaf Gulbransson an der Münchner Akademie der Bildenden Künste.

Schon während des Studiums zeichnete sie die Bilder für ein Turnbuch und illustrierte Märchen im böhmischen Steinbrenner-Verlag, für den sie auch in den vierziger Jahren arbeitete. Eine schwere Kriegsverletzung machte eine kontinuierliche Tätigkeit unmöglich, so daß es nur zu sporadischen Arbeiten kam.

In diesen Jahren entstanden die ersten Adventskalender, die Gudrun Keussen für Verwandte und Bekannte als Unikate anfertigte. 1953 bot sie dem Ars Sacra Verlag eines dieser Exemplare an; „Das Weihnachtsstädtlein" wurde im darauffolgenden Jahr auch gedruckt. Das war der Beginn einer langen Zusammenarbeit: Gudrun Keussen malte zunächst vor allem Postkarten und illustrierte ab den späten fünfziger Jahren etwa vierzig Kinderbücher, die sie zum Teil auch selber schrieb. Von 1957 bis in die frühen siebziger Jahre lieferte sie den jährlichen Adventskalender-Neuentwurf.

Nach ihrem Weggang von Ars Sacra arbeitete Gudrun Keussen für den Adolf Korsch Verlag zwanzig Adventskalender aus; 1984 zeichnete sie den letzten. Aus gesundheitlichen und persönlichen Gründen hat sie seither keine Adventskalendermotive mehr entworfen und sich anderen Themen und Techniken zugewandt.

In Gudrun Keussens Werk, das sich über mehr als drei Jahrzehnte hinweg verfolgen läßt, findet eine Entwicklung im Malstil statt: Die anfängliche Orientierung an Else Wenz-Viëtor ist unverkennbar und wird gerne zugegeben; erst in den fünfziger Jahren bildet sich die eigene Formen- und Bildersprache heraus, die bis in die achtziger Jahre beibehalten wird. Sie ist gekennzeichnet von einer der Realität möglichst genau entsprechenden Art des Zeichnens. Viele Details und eine Fülle von Szenen fesseln den Blick des Betrachters lange und lassen immer wieder etwas Neues entdecken. Die Farbigkeit der Entwürfe – aquarellierte Tuschzeichnungen nach genauem Bleistiftumriß – entwickelt sich im Laufe der Jahre bei den Adventskalendern von einer gewissen Gedecktheit zu kräftigeren Tönen.

Motive:
Fachwerkstädtchen und
Heiliges Land

Gudrun Keussens Adventskalendermotive lassen sich in fünf Gruppen einteilen: winterliche Kleinstädte oder Dörfer, Szenen aus dem Heiligen Land, häusliche Weihnachtsvorbereitungen, Kirchenbauten und der Stall von Bethlehem. Die beiden erstgenannten Themen wurden von der Illustratorin am häufigsten gestaltet, wobei sie die Fachwerkstädtchen bevorzugte.

Alle Zeichnungen weisen keinen oder nur einen sehr geringen Gegenwartsbezug auf: Die Heiligland-Bilder suggerieren eine zweitausend Jahre zurückliegende Wirklichkeit; in den Kleinstadtszenen tragen die Figuren Kleider des ausgehenden 18. Jahrhunderts oder solche einer fast unbestimmbaren Zeit, und selbst in den gegenwartsbezogeneren Motiven fehlt jede Spur von Technik oder gar Industrie.

Gudrun Keussen lehnt eine zeitliche Festlegung ab. Ihre Entwürfe sollen lange gültig und unabhängig von modischen Strömungen sein. Der jeweilige Auftraggeber wird sich gegen dieses Gestaltungsprinzip nicht gewehrt haben, weil es ihm jahrelange Wiederauflagen in Aussicht stellte.

Bethlehem:
eine verschneite Kleinstadt mit Fachwerkhäusern

Wenn man bei Gudrun Keussens „Weihnachtsstädtlein" (Abb. 68), dem ersten von vielen weiteren Adventskalendern mit Kleinstadtszenen, die Türe zum ersten Dezember in der unteren Bildmitte aufmacht, steht dort „Bethlehem Land Juda". Diese Inschrift verwundert zunächst, weil nichts dem ähnelt, was man mit einer vorderasiatischen Gegend von vor zweitausend Jahren verbinden würde. Ande-

rerseits ist die Verlagerung des damaligen Geschehens in eine hiesige Landschaft und in die nähere Gegenwart gar nicht so fremd. Gudrun Keussen hat nämlich einen Bildtypus aufgegriffen, der bei Adventskalenderillustrator(inn)en vor und nach ihr sehr beliebt ist: Die Geburtsszene spielt in diesen Entwürfen in einer kleinen, in sich verwinkelten Stadt mit einstöckigen Fachwerkhäusern; ein Stall oder die örtliche Kirche haben die Heilige Familie aufgenommen.

Im „Weihnachtsstädtlein" werden Josef, Maria und das Jesuskind am 24. sichtbar, wenn die Stalltüren des Gasthofes „Zum Lamm" in der oberen Bildmitte aufgehen. Die Herberge steht zusammen mit einigen anderen Gebäuden auf einem freien Platz mit Brunnen. Von diesem Mittelpunkt aus führen Straßen zu den beiden Stadttoren, an Kirche und Stadtmauer vorbei sowie zu anderen Häusergruppen. Einige Personen sind unterwegs; im Hintergrund sieht man vor einer Bergkette den klaren Himmel, dessen größter Stern einen Strahl auf den Stall wirft.

Gudrun Keussen versetzt – der Kleidung der Personen nach – Bethlehem in das ausgehende 18. Jahrhundert. Gleichzeitig bringt sie mit den Tagesmotiven alles das hinein, was heute gerne mit Advent und Weihnachten verbunden wird: Adventskranz, Sankt Nikolaus, Spielzeugstände, Christbaumverkäufer, geschmückte Auslagen, die erzählende Großmutter vor dem Kachelofen mit Bratäpfeln, die backende Mutter, Posaunen und einen Chor bei der Probe, Sternsinger und die Heiligen Drei Könige. Die kleine Stadt, die verschneite Landschaft und die abendliche Beleuchtung lassen eine idyllische Stimmung aufkommen. Wenn alle Fenster geöffnet sind, wird deutlich, wieviel im Bild passiert. Dann fällt auch die Komposition der ganzen Zeichnung auf: Gudrun Keussen hat alle Wege und Bewegungen auf das Geschehen im Stall ausgerichtet.

Abb. 69
Gudrun Keussen
„Christkindlmarkt"
Verlag Ars Sacra, Nr. 575
München 1974
29,5 × 40

Abb. 70
Gudrun Keussen
Marktplatz
Adolf Korsch Verlag, Nr. 565
Gilching 1984
29,5 × 39

Gudrun Keussen gestaltete dasselbe Motiv einer verschneiten Kleinstadt für zwei verschiedene Verlage. Im Vergleich der beiden Deckblätter lassen sich typische Bildelemente der Illustratorin und auch die Vorgaben des jeweiligen Auftraggebers erkennen.

1974 kam „Christkindlmarkt" bei Ars Sacra heraus (Abb. 69). Auf einem freien Platz vor einer großen Kirche findet der Weihnachtsmarkt statt. Wenn die Papiertüren der Holzhäuschen aufgehen, kommt zum Vorschein, was die Händler an ihren Ständen anbieten: Spielzeug, Christbaumschmuck, Lebkuchen und am 4. Dezember, dem Namenstag der Heiligen Barbara, Obstbaumzweige. Auch hier belebt Gudrun Keussen einen Platz, und wieder gewährt sie Einblick in Häuser. Wie bei fast allen ihren Adventskalendern verbirgt sich hinter der Türe zum 6. Dezember eine Nikolausgestalt – hier in Bischofsornat mit Mitra und Krummstab –, und am Heiligen Abend erscheint eine Heilige Familie.

In Gudrun Keussens bisher letztem Adventskalenderentwurf aus dem Jahre 1984 (Abb. 70), der im Adolf Korsch Verlag erschien, variierte sie ihr Lieblingsmotiv geringfügig. Sie wählte eine andere Handlungszeit, indem sie das Geschehen in die Mitte des 19. Jahrhunderts versetzte.

Die Ähnlichkeit der beiden Deckblätter ist unverkennbar. Sie reicht von größeren Bildelementen – zentraler, lichtergeschmückter Baum auf einem Platz, Stadtansicht, Häuserfronten – bis zu Details: St. Nikolaus von hinten vor einer Türe, Sternsänger am vorderen Bildrand, eine Burg auf einem Berg im Hintergrund. Beide Kleinstadtszenen sind ähnlich detailreich, und selbst die Tagesbilder gleichen sich mit den Blicken in Zimmer, mit Gruppen auf dem Platz. Nur die große Kirche im „Christkindlmarkt" fehlt im Entwurf von 1985. Sie war eine Vorgabe des Ars Sacra Verlages und mußte in jedem Kleinstadtmotiv vorkommen, wo sie dann meist die Heilige

Familie oder Besucher der Christmette enthielt. Es scheint, als habe sie der Verlag als Markenzeichen für seine religiösen Adventskalender verwendet.

Im Adolf Korsch Verlag bestanden keine derartigen Vorgaben. Im Aussehen der Adventskalender gab es zwar Richtlinien – kleine Tageszahlen, kein farbiger Rand, Nikolaus am 6. und Heilige Familie am 24. Dezember –, aber es kam nie zu Einflußnahmen auf Bilddetails. Der Verlag ließ Gudrun Keussen freie Hand, weil man aus der bisherigen Erfahrung wußte, daß sich mit ihren Zeichnungen bald hohe Verkaufszahlen einstellen würden. Die Auflagenlisten beweisen das eindrucksvoll.

Der Vergleich der Bearbeitung desselben Themas für zwei Auftraggeber hat deutlich gemacht, wie Gudrun Keussen Motive und Bildelemente wiederholt und je nach Verlagsprogramm geringfügig verändert. Was aus den Beispielen außerdem hervorgeht, ist die Deutbarkeit der offen gehaltenen Bilder durch den Text: „Christkindlmarkt" erhält erst durch das beigegebene Textblatt mit religiös-moralischer Unterweisung den typischen Charakter eines Ars-Sacra-Adventskalenders, während die ganz ähnlich angelegte Winterszene im Biedermeier, die ohne jeglichen Text erscheint, völlig frei gedeutet werden kann.

Szenen aus dem Heiligen Land: der spielerische Religionsunterricht

1957 erschien der erste Heiligland-Kalender von Gudrun Keussen. Angeregt von der Illustration in einer amerikanischen Zeitschrift setzte sie die dort abgebildete Landkarte Palästinas als Adventskalender um, indem sie soviele Häuser hineinzeichnete, daß sie 24 Türen und Fenster unterbrachte.

„Im Heiligen Land", so der Titel des ersten Kalenders dieser Art, stehen einige Steinhäuser in einer wüstenähnlichen Landschaft, die links vom Mittelmeer und rechts vom Jordan begrenzt ist. Die über das ganze

Abb. 71
Gudrun Keussen
„Die Kindheit Jesu"
Verlag Ars Sacra Josef Müller, Nr. 550
München 1960
37,5 × 29

Blatt verteilten Gebäudegruppen versinnbildlichen Orte der Bibel; Schriftbänder über den Häusern geben ihre Namen an: Nazareth, Naim, Jerusalem und Bethlehem.

Der Titel des Adventskalenders und die Städteangaben lassen ahnen, worum es Gudrun Keussen geht: Sie führt Betrachter und „Benutzer" an die Orte, die mit Jesus in Verbindung gebracht werden. Die Tagesmotive zeigen die Ereignisse, und der dazugehörige Text erzählt das Lukasevangelium in einer für Kinder leicht verständlichen Form nach.

„Im Advent bereiten wir uns auf die Ankunft des Heilands vor", steht am ersten Dezember auf dem Textblatt. Eine direktere Hinführung auf den christlichen Sinn in Advent und Weihnachten als in den Heiligland-Adventskalendern kann es kaum geben: Hier geht man täglich den Weg Marias und Josefs von Nazareth bis Bethlehem mit.

Bei der „Kindheit Jesu" (Abb. 71) steht Jesu Leben im Vordergrund. Der Adventskalender beginnt am 6.12. mit der Verkündigung an Maria und enthält dann bis zum 10.1. alle Ereignisse, die aus den ersten beiden Kapiteln des Lukas-Evangeliums über die Kindheit Jesu bekannt sind: Marias Gang über das Gebirge, der Besuch bei Elisabeth, die Reise Josefs und Marias nach Jerusalem, die Ankunft in Bethlehem, der Weg zur Herberge und die Heilige Familie in einem höhlenähnlichen Stall. Nach dem 24.12. kommen noch hinzu: Anbetung der Hirten und der Weisen aus dem Morgenland, Darstellung im Tempel, Simeon und die 84jährige Witwe erkennen den Heiland, ein Engel erscheint Josef im Traum, Flucht nach Ägypten, der Gang zurück nach Nazareth, die österliche Pilgerfahrt nach Jerusalem und der 12jährige Jesus im Tempel.

Diese ganz am Neuen Testament orientierten Szenen werden durch genrehafte Darstellungen ausgeschmückt; das Textblatt (Abb. 72) erklärt die Bilder.

In Nazareth näht Maria „Windlein und Bettlein", Josef baut eine Wiege, in Bethlehem blickt der Herbergswirt grimmig aus dem Fenster, und in der Geburtshöhle kocht Josef „eine stärkende Suppe", während Maria „reine Windeln" über das Heu der Krippe breitet. Am 10. Januar ist dann ein zwölfjähriger Jesus zu sehen, der „als guter Sohn" seinem Vater beim Durchsägen eines Baumstammes hilft.

Gudrun Keussen übernahm bei der „Kindheit Jesu" vom ersten Adventskalender dieser Gruppe das Prinzip der Landkarte, gestaltete es aber in Farben und Details wesentlich gefälliger. In drei zentralen Städten – wieder im Schriftband benannt – stehen jeweils einige Gebäude, deren Türen und Tore noch verschlossen sind. Das tägliche Öffnen der Türchen mit den dahinter sichtbar werdenden Figuren belebt auch hier wieder eine zunächst leere Landschaft.

In den einzelnen Szenen kommen nur wenige handlungstragende Figuren vor, was sicher auch mit der Kleinheit der Zeichnungen zusammenhängt. Die Heilige Familie ist immer in gleicher Weise gezeichnet: Josef als leicht gebückter, älterer Mann mit brauner Kutte, Maria in blauem Kleid oder Mantel und Jesus in weißem oder hellrotem Hemd.

In den Tagesmotiven findet durch die Beschränkung der Figuren eine Konzentration auf das Wesentliche statt: Wenn am 7. Dezember im Textblatt von Marias Gang über das Gebirge zu ihrer Base Elisabeth die Rede ist, dann läßt Gudrun Keussen sie durch graue Felsen unterhalb von Nazareth gehen, um sie am 8. Dezember zusammen mit Elisabeth in deren Haus zu zeigen.

Die Illustratorin hält in ihrer Zeichnung das ganze Heilige Land fest: Die Kleidung der Menschen, die Architekturen, die Vegetation und sogar geographische Gegebenheiten – die fruchtbare Tiefebene bei Nazareth und die karge Gebirgslandschaft um Jerusalem – verstärken den Eindruck des „Echten", der

Die Kindheit Jesu

Liebe Kinder!

Der Weihnachtskalender, der heute zu Euch kommt, erzählt Euch, wie Jesus Christus, Gottes Sohn, als Christkindlein auf die Erde kam. Aber nicht nur von seiner Geburt und allem Wunderbaren, was dabei geschah, will er Euch berichten, sondern auch davon, wie Jesus als Kind lebte.

6. DEZEMBER In Nazareth lebte eine Jungfrau, die hieß Maria. Sie war verlobt mit einem Manne namens Josef. Maria war fromm und gut. Sie betete viel zu Gott. Vor allem bat sie ihn auch, er möge doch bald den Erlöser senden, der die Menschen von Sünde und Not befreien sollte. – Einmal kniete Maria wieder und betete. Da stand plötzlich ein Engel vor ihr und sprach: „Gegrüßet seist du, Begnadete." Maria erschrak. Der Engel aber sagte zu ihr, Gott habe sie auserwählt, sie solle die Mutter des Erlösers werden und das Kind Jesus nennen. Maria war voll Staunen, weil Gott gerade sie erwählt hatte. Aber sie sagte voll Demut: „Ich bin eine Magd des Herrn. Mir geschehe, wie du gesagt hast." Da verließ der Engel sie wieder.

7. DEZEMBER Bald darauf ging Maria über das Gebirge zu ihrer Base Elisabeth. Denn der Engel hatte ihr gesagt, daß auch Elisabeth einen kleinen Sohn bekommen würde. „Gewiß freut sie sich genau so sehr wie ich", dachte Maria.

8. DEZEMBER Als Elisabeth Maria kommen sah, wußte sie plötzlich, daß die Mutter des verheißenen Erlösers vor ihr stand. Sie rief Maria zu: „Du bist gesegnet unter allen Frauen!" und lobte Gott. Maria blieb drei Monate bei Elisabeth.

9. DEZEMBER Zu Hause bereitete Maria alles für das Kindlein. Sie nähte ihm Windeln und Bettlein.

10. DEZEMBER Josef, der Zimmermann, der Maria inzwischen geheiratet hatte, baute eine Wiege für das Kind. Aber die Vorfreude ward jäh gestört.

11. DEZEMBER Über das Land, in dem Maria und Josef wohnten, herrschte der mächtige Kaiser Augustus. Der wollte wissen, wieviele Menschen in seinem Reich lebten. So schickte er seine Diener und Beamten durchs ganze Land. Überall riefen sie seinen Befehl aus: Jeder sollte in die Stadt gehen, in der er geboren war, und sich dort aufschreiben lassen und seine Steuern zahlen.

12. DEZEMBER Da mußten auch Maria und Josef nach ihrer Vaterstadt Bethlehem im Lande Juda reisen.

13. DEZEMBER Es war schon spät, als sie in Bethlehem ankamen. Alle Gasthäuser waren überfüllt, denn viele Menschen waren zur Volkszählung gekommen.

14. DEZEMBER Josef suchte Herberge. An viele Türen klopfte er.

15. DEZEMBER Aber immer wieder wurde er von hartherzigen Menschen abgewiesen. Man gönnte ihm und Maria nicht ein kleines Eckchen, wo sie nach der mühseligen Reise hätten ruhen können.

16. DEZEMBER Maria wartete ganz erschöpft. Bald würde das Kindlein zur Welt kommen.

17. DEZEMBER Entmutigt verließen beide die Stadt. Vielleicht gab es draußen vor den Toren einen Unterschlupf?

18. DEZEMBER Wirklich entdeckten sie einige Höhlen, die sonst den Hirten und ihren Tieren dienten. Jetzt standen sie leer. Die Hirten waren auf dem Feld. Schnell machte Josef ein Feuer, an dem sich Maria wärmen konnte, und kochte eine stärkende Suppe.

19. DEZEMBER Maria aber fand als Bettchen für das Kind eine Krippe mit Heu; sie breitete reine Windeln darüber.

20. DEZEMBER Die Schafe schliefen indessen auf der Weide. Auch die Hirten hatten sich zur Ruhe gelegt.

21. DEZEMBER Plötzlich, mitten in der Nacht, erwachten sie von einem blendenden Schein.

22. DEZEMBER Ein Jubilieren erklang, so herrlich, wie sie es noch nie gehört hatten.

23. DEZEMBER Und dann schwebte ein Stern vom Firmament herab und blieb gar nicht weit von ihnen über den Höhlen stehn.

24. DEZEMBER Weithin strahlte der Stern und erhellte die Nacht, denn das Wunder war geschehen: Gottes Sohn lag als kleines Kindlein in der Krippe.

25. DEZEMBER Vor den Hirten aber stand auf einmal ein Engel, der sprach: „Fürchtet euch nicht! Denn ich verkünde euch eine große Freude: Euch ist heute der Heiland geboren! Ihr werdet das Kindlein finden in Windeln gewickelt und in einer Krippe liegend." Und die Engel über ihnen sangen: „Ehre sei Gott in der Höhe und Friede auf Erden und den Menschen ein Wohlgefallen."

26. DEZEMBER Da sprachen die Hirten zueinander: Wir wollen nach Bethlehem gehen und das Kindlein sehen.

27. DEZEMBER Sie fanden Maria und Josef und das Kind, das in der Krippe lag, und beteten es an.

28. DEZEMBER Die Hirten erzählten andern, was ihnen Wunderbares begegnet war. Da kamen viele und brachten dem Kindlein Geschenke.

29. DEZEMBER Doch nicht nur in Bethlehem hatte Gott die Geburt seines Sohnes geoffenbart. In fernen Ländern sahen weise Könige das Wunder war. Da machten sie sich auf den Weg, um dem neuen König zu huldigen.

30. DEZEMBER Inzwischen hatte das Kindlein den Namen Jesus bekommen und einige Zeit später brachten seine Eltern es nach Jerusalem. Dort sollte es, wie alle erstgeborenen Söhne, Gott geweiht werden. In Jerusalem aber lebte ein alter Mann namens Simeon. Dem hatte Gott versprochen, er werde nicht sterben, ehe er den Erlöser gesehen habe. Und Gott führte ihn in den Tempel, als gerade das Jesuskind dort war. Da nahm Simeon das Kind auf seine Arme und sprach: „Nun kann ich in Frieden sterben, denn meine Augen haben den Heiland gesehn."

31. DEZEMBER Die drei Könige ritten nach Jerusalem zum Schloß des Königs Herodes. Dieser erschrak jedoch sehr, als sie ihn nach dem neugeborenen König der Juden fragten. Er forschte die gelehrten Männer an seinem Hofe aus, wo der neue König sollte geboren werden. Sie sahen in ihren Büchern nach und antworteten: „Zu Bethlehem im Lande Juda." Dies teilte Herodes den Königen mit und bat sie, ihm auf dem Rückweg zu sagen, wo sie das Kindlein gefunden hätten, er wolle dann auch hingehen und es anbeten. Das war aber eine Lüge.

I. JANUAR Als die Könige sich auf den Weg nach Bethlehem machten, erschien ihnen wieder der Stern und ging vor ihnen her, bis er über dem Stall stehen blieb, wo das Kindlein war. Da stiegen die Könige von ihren Reittieren und neigten sich vor dem Kind in der Krippe.

II. JANUAR In der Nacht erschien ihnen ein Engel im Traum und sprach zu ihnen: „Geht nicht mehr zu Herodes zurück, denn er trachtet dem Kind nach dem Leben." Da zogen sie auf einem andern Weg in ihre Länder heim.

III. JANUAR Auch zu Josef kam der Engel im Traum und rief: „Steh eilends auf, nimm das Kind und seine Mutter und fliehe nach Ägypten. Herodes will das Kindlein töten." Da erhob sich Josef schnell und verließ heimlich mit Maria und dem Jesuskind die Stadt Bethlehem.

IV. JANUAR Als die Könige nicht zu Herodes zurückkehrten, wurde er wütend und rief: „Das Kind soll mir dennoch nicht entgehn!" Er schickte wilde Soldaten nach Bethlehem. Die mußten alle Knaben töten, die noch nicht zwei Jahre alt waren.

Aber das Jesuskind war, von Gottes Engeln sicher geleitet, schon aus dem Land des Herodes entkommen.

V. JANUAR In Ägypten mußten Maria und Josef längere Zeit bleiben.

Als Herodes gestorben war, erschien dem Josef der Engel wieder und sprach: „Herodes ist tot, du kannst nach Hause zurückkehren."

VI. JANUAR Da setzte sich Maria mit dem Kind wieder auf das Eselein und Josef führte sie zurück.

In Nazareth arbeitete Josef wieder als Zimmermann. Er und Maria erzogen und hegten das Kind, das ihnen von Gott anvertraut war.

VII. JANUAR Als Jesus zwölf Jahre alt war, nahmen ihn seine Eltern zum Osterfest nach Jerusalem. Er durfte Maria und Josef, die diese Reise jedes Jahr machten, zum erstenmal begleiten.

VIII. JANUAR Als die Feiertage vorbei waren, machten sich Maria und Josef auf den Heimweg. Plötzlich vermißten sie Jesus. Erst machten sie sich keine Sorgen. Sie dachten, er wäre mit Freunden oder Verwandten gegangen. Als sie ihn aber nirgends fanden, kehrten sie in großer Angst nach Jerusalem zurück, um ihn zu suchen.

Jesus war im Tempel geblieben. Er war hier im Hause seines himmlischen Vaters so glücklich, daß er gar nicht mehr an den Heimweg dachte. Er saß mitten unter den Lehrern, hörte ihnen zu, und alle staunten über seine Antworten.

IX. JANUAR Nach drei Tagen endlich fanden die Eltern ihr Kind. Maria sprach: „Mein Sohn, warum hast du uns das getan? Sieh, dein Vater und ich haben dich mit Schmerzen gesucht." Jesus antwortete: „Warum habt ihr mich gesucht? Wußtet ihr nicht, daß ich in dem sein muß, was meinem Vater gehört?"

X. JANUAR Dann ging Jesus mit ihnen nach Nazareth. Er war ihnen ein guter Sohn und half seinen Eltern. So wuchs er heran und nahm zu an Weisheit, Alter und Gnade vor Gott und den Menschen.

ARS SACRA

Abb. 72
Textblatt zum Adventskalender
„Die Kindheit Jesu"
Verlag Ars Sacra Josef Müller
München 1960
28 × 37

Abb. 73
Gudrun Keussen
„Bethlehem"
Adolf Korsch Verlag, Nr. 544
München 1975
30 × 39,5

schon durch die relativ genauen Übernahmen der Bibelstellen entstand, und machen die zweitausend Jahre alte Geschichte anschaulich und damit lebendig. Wenn diese Bilder jeden Tag nacheinander – und erfahrungsgemäß lange – in Verbindung mit dem Text angesehen werden, dann kann man sich vorstellen, wie gut sie sich einprägen.

Gudrun Keussen zeichnete insgesamt acht Heiligland-Kalender; vier erschienen bei Ars Sacra, vier bei Korsch. Auch bei diesem Motiv bietet sich ein Vergleich an, um die gestalterische Eigenart und den Einfluß des Verlagsprogramms zu erkennen. Bei „Bethlehem" (Abb. 73) tritt das Erzählen aus der Bibel, wie es „Die Kindheit Jesu" charakterisiert, deutlich zurück. Es tauchen noch die Hirten auf dem Feld und die drei Weisen aus dem Morgenland auf, doch überwiegen die genrehaften Szenen: Frauen an

der Wasserstelle, Kinder beim Spielen, Männer bei der Arbeit. Gudrun Keussen behält das Orientalische in Kleidern, Architektur und Vegetation bei, aber bei den Figuren fällt eine Veränderung auf: Was sich bei der „Kindheit Jesu" erst nach und nach an Bewegung abspielt, findet in „Bethlehem" statt, bevor noch das erste Türchen geöffnet wird: Sogar Maria und Josef sind schon zu sehen. Durch den Figurenreichtum des Korsch-Kalenders – in geschlossenem Zustand sind es etwa siebzig, am 24.12. an die hundert – verliert das, was im Stall passiert, an Bedeutung. Es wird zu einer unter vielen anderen Szenen und ist nicht mehr Zentrum und Ziel allen Geschehens wie zuvor.
Für den Ars Sacra Verlag zeichnete Gudrun Keussen eine Bibelillustration, für Korsch wurde dasselbe Thema zu einem abwechslungsreichen Genrebild.

Adventshäuser: Vorbereitungen für Weihnachten

In der dritten Gruppe von Adventskalendermotiven Gudrun Keussens führt sie den Betrachter wieder in das 20. Jahrhundert zurück und schildert, wie sich die Bewohner eines großen Hauses auf Weihnachten vorbereiten.
Bei „Advent im Bauernhof" (Abb. 74) steht ein Schwarzwald-Hof in einer verschneiten Landschaft; er ist von Stallungen und einem Backhaus eingerahmt. Im Vordergrund fließt ein Bach an einer kleinen Kapelle vorbei. Wenn noch keine Türchen offen sind, sieht man nur ein paar Kinder beim Spielen, eine Frau am Backofen und einen Mann, der mit der Axt Holz zerkleinert. Täglich füllt sich der Platz um dem Hof mit Menschen, und die Bewohner im Haus werden sichtbar. Alle treffen Vorbereitungen für den Heiligen Abend: Sie reparieren Spielzeug, schreiben Wunschbriefe, schmücken die Kapelle, basteln Geschenke, breiten den Vögeln und dem Vieh Futter aus und backen Plätzchen. Am 24. Dezember stehen

ein Junge und ein Mädchen vor einem geschmückten Weihnachtsbaum.

Auch im „Adventshaus" (Abb. 77) erzählt Gudrun Keussen im Deckblatt und auf der Hinterklebung, was in den Wochen im Advent zu tun ist. Diesmal spielt sich das Geschehen ganz in den Zimmern ab. In der Art eines Puppenhauses hat die Illustratorin ein zweistöckiges Gebäude mit Dach gezeichnet, das sie – nach bekannter Manier – durch das Öffnen der Türchen mit Menschen belebt. Wie schon im „Weihnachtsstädtlein" entfaltet sie hier das ganze Instrumentarium an Adventsstimmung und Vorbereitung auf den Heiligen Abend: Jede Woche brennt ein weiteres Licht am Adventskranz, eine Krippe mit Strohhalmen steht auf der Kommode, Barbarazweige werden aufgestellt, Kinder basteln an Geschenken und sagen dem hereintretenden St. Nikolaus Gedichte auf, Mütter erzählen Geschichten und bakken, für die Vögel werden Körner gestreut, der kranke Nachbarjunge wird beschenkt, und am 24. Dezember hat sich die Familie vor dem geschmückten Weihnachtsbaum versammelt.

Gudrun Keussen konzentriert ihre Darstellung ganz auf Menschen und Handlungen. Sie führt langsam auf den Höhepunkt hin, ohne etwas davon vorwegzunehmen; im Gegensatz zu den meisten anderen Adventskalendern zeigt sie erst am Heiligen Abend die Geschenke und den Christbaum.

Am 24. Dezember gibt es hier – und auch noch in einigen anderen ihrer Adventskalender – eine zweite Türe, die geöffnet werden darf: Man sieht dann, wie die ganze Familie zur Christmette geht.

Beim „Adventshaus" ist es besonders interessant zu verfolgen, was in den Bildern von Gudrun Keussen enthalten ist, und was dann im Verlagstext daraus gemacht wird.

Am 3. Dezember kniet ein kleines Mädchen vor einer Marienstatue:

Abb. 74
Gudrun Keussen
„Advent im Bauernhof"
Verlag Ars Sacra, Nr. 545
München 1958
29 × 37,5

Abb. 75
Gudrun Keussen
„Rund um den Kirchturm. Engelamt"
Verlag Ars Sacra, Nr. 568
München 1970
29 × 38

„Ganz besonders andächtig wollen wir in dieser Zeit das Christkind bitten, damit es uns hilft, gut zu sein und unseren Eltern und Geschwistern Freude zu machen."

Links davon sitzt ein Mädchen auf dem Bettrand und zieht sich den Pullover an:

„Es ist nicht leicht, im Winter früh aufzustehen, um vor der Schule in die Kirche zu gehen. Aber beim Engelamt wird einem im ersten Dämmerlicht so froh und weihnachtlich zu Mute, daß sich die Überwindung lohnt."

Das ganze Textblatt handelt von Bravsein, Freudemachen, Fleiß und Überwindung. Nur das brave Kind darf einen Strohhalm in die Krippe legen, und es wird von Engeln beobachtet, die durch das Haus schleichen und über das Wohlverhalten an höchster Stelle berichten: „Er wird's dem Christkind sagen, und wer weiß, was dann zur Belohnung unter dem Christbaum liegt."

In Gudrun Keussens Zeichnungen ist mit der Einrichtung, den Handlungen und den vielen Kindern so viel Identifikatorisches angelegt, daß es sehr unwahrscheinlich wäre, wenn die Benützer dieses Adventskalenders nicht auch den Text auf sich bezögen und die kleinen Geschichten nicht als Anregung zur Nachahmung verstünden. Und genau das scheint auch die Absicht dieses Textblattes zu sein.

Von der Illustration her ist „Das Adventshaus" zeitlos; die Interpretation jedoch entspricht kaum noch heutigen Vorstellungen. 25 Jahre nach dem ersten Erscheinen dieses Adventskalenders wird im Verlag darüber nachgedacht, das Textblatt entweder zu „modernisieren" oder ganz wegzulassen.

Kirchen im Mittelpunkt:
Betonung des Katholischen

„Die Christmette", „Der Dom" und „Rund um den Kirchturm. Engelamt" heißen drei Adventskalender Gudrun Keussens, die Kirchen von außen oder von innen zeigen und bewußt Katholisches betonen. Alle drei Kalender erschienen im Ars Sacra Verlag und entstanden nach detaillierten Vorgaben der damaligen Verlegerin. Diese Motive kamen für einen überkonfessionellen oder sogar internationalen Markt kaum in Frage; sie wurden nur wenige Male aufgelegt.

Bei „Rund um den Kirchturm. Engelamt" (Abb. 75) wiederholt sich viel von dem, was schon bei den bisher gezeigten Motiven angesprochen wurde: Gudrun Keussen füllt eine leere Winterlandschaft um eine abseits vom Dorf gelegene Kirche mit Erwachsenen und Kindern. Alle Bewegung ist auf die Kirche und deren Portal gerichtet. Am 24., wenn es geöffnet ist, steht der Priester vor dem Altar, beide Hände zum Segen erhoben.

Der Verlagstext erzählt – um nicht zu sagen konstruiert – Geschichten zu den Figuren und vermittelt Tugenden (Fleiß, Hilfsbereitschaft, Nächstenliebe) und Glaubensinhalte (violette Farbe, Bischof Nikolaus, Maria, Drei Könige).

Das eng gefaßte Thema ließ Gudrun Keussen wenig Spielraum. Was die Illustratorin sonst an adventlicher Stimmung erzeugen konnte, das verbot sich bei diesem Motiv. Der ehemals so farbenprächtige Sankt Nikolaus versteinert hier zu einer grauen Statue, und der Weihnachtsbaum steht nun nur mit einigen Lichtern geschmückt auf dem Dorfplatz.

Dem religiösen Selbstverständnis des Verlages hätte es wohl kaum entsprochen, wenn vor der Kirche Schlittschuhläufer gefahren wären, wenn dort Kinder einen Schneemann gebaut hätten, andere gerodelt wären, und am 6. Dezember ein Knecht Ruprecht aus dem Wald herabgestiegen wäre. So nämlich hat Richard Ernst Kepler das Motiv einer entlegenen Kirche mit Menschen darum rund fünfzig Jahre früher gestaltet (vgl. Abb. 32). Am 24. Dezember

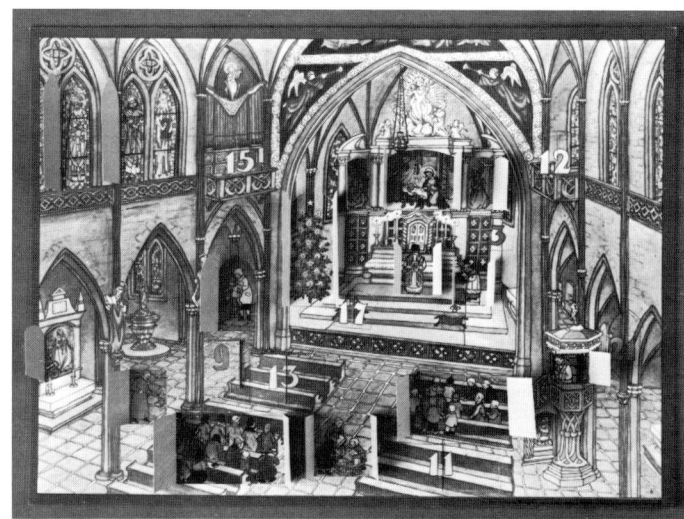

Abb. 76
Gudrun Keussen
„Die Christmette"
Verlag Ars Sacra Josef Müller, Nr. 556
München 1964
29 × 38

schweben bei ihm niedliche Engel mit einem üppig behängten Weihnachtsbaum herab. Das kam anscheinend dem Bedürfnis nach Stimmung näher als der Priester vor dem Altar: Keplers Ausgabe war so beliebt, daß sie schon damals ins englischsprachige Ausland ging; „Rund um den Kirchturm. Engelamt" blieb ein Ladenhüter.

Für die „Christmette" (Abb. 76) gilt das gleiche: Das vom Verlag vorgegebene Thema eines Kircheninnenraumes konnte nur mit Besuchern, Heiligen, Priestern und Ministranten gefüllt werden. Für das erzählerische Talent Gudrun Keussens gab es hier kaum Entfaltungsmöglichkeiten.

Im Stall von Bethlehem:
Die perfekte Weiterführung des Bildes

1964 hatte Gudrun Keussen bei der „Christmette" einen zunächst völlig leeren Kircheninnenraum täglich mit einer weiteren Figur oder Gruppe gefüllt (vgl. Abb. 76). Diese Technik übertrug sie ein Jahr später auf den „Stall von Bethlehem" (Abb. 78), einen von vier weiteren Adventskalendern dieses Motivs, und perfektionierte sie; auch die Weiterführung des Bildes nach dem Öffnen der Türchen erreicht hier ihren Höhepunkt.

Die Anbetung findet in einem verfallenen Stall statt, der in einer mitteleuropäischen Landschaft zu stehen scheint, so sehr erinnern der Schnee und die Kleidung der Hirten an hiesige Gegebenheiten. Gudrun Keussen gestaltet die 24 Türchen in diesem Stall ganz individuell: kleinere für die Tiere und Geschenke, größere für die Menschen. Ähnlich wie in den dreidimensionalen Weihnachtskrippen nehmen am Heiligen Abend alle Anteil am Geschehen „Im Stall von Bethlehem": Alte wie Junge, Tiere und Engel, Hirten und Könige. Sie bringen bescheidene oder prunkvolle Gaben, sie musizieren oder sitzen nur staunend da.

Das Deckblatt, also der unbenützte Adventskalender, läßt erahnen, was sich hinter den einzelnen Türen verbergen wird. Es ist aber doch erstaunlich, wie Gudrun Keussen im Bild die Spannung auf das Öffnen des 24. Türchens aufbaut. Noch vor dem 1. Dezember ist die Krippe – im geometrischen Mittelpunkt des Bildes – Blickfang mit ihren großen roten Tageszahlen. Und sie steht auch im Fluchtpunkt des Bildes: Die Streben der Ständer, der Stock am Boden und der Futtertrog an der Seite verjüngen sich in ihrer Fortsetzung so, daß die Linien in der Krippe münden. Am 1.12. fällt außerdem ein langer Strahl des Sterns in das Feld des 24., und auch alle Figuren, die

Abb. 77
Gudrun Keussen
„Das Adventshaus"
Verlag Ars Sacra Josef Müller, Nr. 555
München 1963
29 × 38

Abb. 78
Gudrun Keussen
„Im Stall von Bethlehem"
Aquarelle von Deckblatt und
Hinterklebung
Verlag Ars Sacra Josef Müller
München 1965
à 29 × 38

nacheinander sichtbar werden, sind in Bewegung und Blick auf diese Stelle hin ausgerichtet.

Gudrun Keussen legte die Deckblätter aller ihrer Adventskalender auf die spätere Funktion hin an; sie zeichnete die Motive so, daß alle Türchen Platz haben. Die Öffnungen liegen nur an bestimmten Stellen: Es sind Fenster und Türen von Gebäuden oder auch Flächen, die durch das Aufmachen mit Figuren belebt werden. Die Hinterklebung steht damit immer in ganz engem inhaltlichen Bezug zum Deckblatt.

Was wie eine Selbstverständlichkeit klingen mag, kommt inzwischen nur noch in einem geringen Teil der Adventskalender vor. Die Stanzung ist oft willkürlich, und die Tagesbildchen haben häufig gar nichts mehr mit dem Deckblatt zu tun und werden auch schon ganz unabhängig davon gestaltet.

Noch viel weniger hat sich Gudrun Keussens Weiterführung des Bildes durchgesetzt. Wenn man in ihren Adventskalendern ein Türchen öffnet, wird die Zeichnung im Hintergrund so genau fortgeführt, daß sich auch kleinste Linien entsprechen: Der Strohhalm am Boden liegt danach wieder an der gleichen Stelle, und das Holzgatter trägt auch im Tagesmotiv die Maserung, die es schon im Deckblatt hatte (vgl. Abb. 78).

Für diese Technik ist eine exakte Übereinstimmung von Deckblatt und Hinterklebung nötig, die im Herstellungsprozeß zusätzliche Arbeit bereitet: der Zeichnerin im Entwurf und dem Hersteller beim Verlag im Vorbereiten für den Druck. Bei kleinen Türchen mit Bildern von einigen Quadratmillimetern kann es sehr leicht zu Ungenauigkeiten kommen, wenn die beiden Teile nicht ganz genau aufeinander abgestimmt worden sind. Schon kleinste Veränderungen mindern aber den Effekt erheblich. Dieser Aufwand ist einer der Gründe, warum sich die Illustrator(inn)en von Adventskalendern dieser Technik heute nur sehr selten bedienen.

Gudrun Keussen aber ist es ein großes Anliegen, das Bild weitergehen zu lassen, damit das Innere mit dem Äußeren in einer sinnvollen Beziehung steht und sich ein geschlossener Ablauf von Ereignissen ergibt. Daß viele Käufer von Adventskalendern gerade diese Besonderheit und die zeichnerischen Qualitäten Gudrun Keussens erkannt haben und sehr schätzen, beweisen die eingangs genannten hohen Auflagenzahlen.

Profane Adventskalender-Motive

am Beispiel des Verlages ars edition

1981 wurde der Ars Sacra Verlag in ars edition umbenannt. Elisabeth Dubler, die bisherige Verlegerin, war 1979 gestorben; ihr Neffe, Marcel Nauer, übernahm anschließend die Leitung. Die Namensänderung kann programmatisch verstanden werden und beinhaltet eine grundlegende Umgestaltung von Programm und Sortiment. Die religiöse Ausrichtung wurde weitgehend aufgehoben und das allzu verschiedenartige Angebot von Ars Sacra wegen seiner Unwirtschaftlichkeit auf bestimmte Schwerpunkte reduziert.

So wurde der Geschenk- und Kinderbuchsektor weitergeführt, der heute den Hauptteil des Angebots von ars edition ausmacht. Auch bestimmte Illustrator(inn)en und Schriftsteller(innen) behielt man bei, vor allem, wenn es sich um Künstlerinnen wie Berta Hummel und Ida Bohatta-Morpurgo handelte, deren Werke hohe Auflagen erreichten.

Das Sortiment wird laufend durch neue Werke ergänzt, die als Auftragsarbeiten entstehen oder in Lizenz an den Verlag gelangen. Die inhaltliche Erweiterung findet eine Parallele im vergrößerten Angebot: Zu den Büchern, Kalendern und Karten treten neuerdings noch Boutique-Artikel – Spielzeug und Lesezeichen – sowie Merkbücher hinzu. Im Bereich der Adventskalender fand ebenfalls ein systematischer Ausbau statt: Erschien bei Ars Sacra jeweils nur eine Neuausgabe pro Jahr, so sind es bei ars edition bis zu vier. Inzwischen gibt es diesen Artikel in drei Größen mit ganz verschiedenen Motiven.

Bärenweihnacht und Santa Claus

Das Adventskalendersortiment von ars edition setzt sich zur einen Hälfte aus den seit 1981 herausgebrachten Motiven zusammen, zur anderen Hälfte besteht es aus Entwürfen von Gudrun Keussen. Vor allem ihre Kleinstadtszenen und Adventshäuser werden laufend nachgedruckt, die Kirchen jedoch legte man nicht wieder auf. Bei den neueren Ausgaben hat sich die Abkehr vom Sakralen in Verlagsname und -programm sehr deutlich ausgewirkt. Bei ars edition wird – bis auf eine Ausnahme – jedes religiöse Thema vermieden. Selbst die Tagesmotive lassen das erkennen: Am 24. kommt lediglich in einer einzigen Ausgabe die Heilige Familie vor, und nur selten taucht ein Kind in der Krippe auf.

Dieses Phänomen hat mehrere Gründe: ars edition möchte sich durch ein neues Angebot deutlich von Ars Sacra unterscheiden und mit nicht religiös gebundenen Motiven einen internationalen Markt beliefern; außerdem sehen die neuen Illustratorinnen ihre zeichnerischen Stärken auf Gebieten, die nichts mit Religiösem zu tun haben.

So, wie Gudrun Keussen mit ihrem eigenen, christlichen Anspruch an ein Adventskalenderthema der Linie von Ars Sacra entsprach, so kommen nun Sara Balls vermenschlichte Tiere und Renate Cossmanns international angelegte Motive dem neuen Verlagsprogramm entgegen.

Sara Ball entwarf acht Adventskalender für ars edition; in sechs davon ersetzt sie Menschen durch Bären: Sie backen Plätzchen, werfen Schneebälle oder musizieren. In weiteren Ausgaben zeigt sie Tiere im Wald (vgl. Abb. 80) und einen Nikolaus mit Gabensack.

„Im Bärenhaus" (Abb. 79) entstand 1983. Mit den großen Tageszahlen und dem farbigen Rand wurde die von Gudrun Keussen begründete Linie fortgeführt; inhaltlich unterscheidet sich dieser Entwurf aber erheblich. Eine zentrale Szene beherrscht das Bild: Eine Bärenfamilie schmückt den Weihnachtsbaum. Während Gudrun Keussen ihre Zeichnungen

mit Menschen belebt hatte und so ganze Geschichten entstehen ließ, reduziert Sara Ball das Geschehen auf einen Raum und um den zentralen Baum. Die inhaltliche Vereinfachung findet im Malstil eine Entsprechung: Große Farbflächen bestimmen den Gesamteindruck, und Details – Krallen, Teppichfransen, Korbgeflecht, Holzmaserung, Tannennadeln – werden nur angedeutet.

In den Tagesmotiven setzt sich die Abstraktion fort: Obwohl die einzelnen Bilder auch hier sinnvoll in das Deckblatt integriert sind, findet keine Weiterführung nach dem Öffnen der Türchen statt. Die Uhr an der Wand, der Schmuck am Baum und die Geschenke in den Verpackungen sind Requisiten der Hauptszene, aber keine Handlungsträger.

Sara Ball führt das Bärenthema mit einer verblüffenden und auch erheiternden Konsequenz durch: Auf dem Kaminsims steht das Porträt eines Bären, am Baum hängt ein Lebkuchenbär, und im Geschenk vom 11. Dezember verbirgt sich ein Hampelbär.

Barbarazweige, St. Nikolaus, Sternsinger, Hirten, Drei Könige oder gar die Heilige Familie (als Bären?) haben in dieser geschlossenen Welt keinen Platz mehr. Am 6. Dezember wird eine mit Süßigkeiten behängte Rute am Kamin sichtbar, und für den 24. zeichnete Sara Ball ein untypisches Bild: Weil die Krippenszene nicht in Frage kommt, das sonst übliche Motiv eines Weihnachtsbaumes schon im Deckblatt vorweggenommen wurde, schauen nun „Tiere des Waldes . . . zum Fenster rein / die Bären luden sie zum großen Feste ein."

Sara Ball hält fest, wie eine Familie den Christbaum schmückt; an Weihnachten wird es hier viele Geschenke geben, und die Freunde kommen zu Besuch. Möglicherweise hat diese Szene, obwohl sie mit Bären gestaltet wurde, weit mehr mit der Realität zu tun, als religiöse Motive, in denen Menschen am Heiligen Abend zur Christmette gehen.

Abb. 79
Sara Ball
„Im Bärenhaus"
Verlag ars edition, Nr. 9593
München 1983
28 × 38

Ein zweiter Adventskalender derselben Illustratorin fällt durch seine inhaltliche Aussage auf. Bei „Weihnachten im Wald" (Abb. 80) schmücken verschiedene Tiere einen Weihnachtsbaum auf einer Lichtung mitten im Wald. Ein Rehbock trägt Christbaumkugeln im Geweih, eine Eule hält einen Stern im Schnabel, ein Fuchs hat Kerzen im Maul, einem Eber hängen Kringel an den Hauern, und eine Maus bringt „Zündhölzer". Der durchgehende Text auf der Rückseite erzählt, wie die Tiere Frieden geschlossen haben, und es „einmal wie die Menschen machen und gemeinsam Weihnachten feiern. Schließlich war Weihnachten auf der ganzen Welt das Fest des Friedens und der Freude."

Weihnachten als „das Fest des Friedens und der Freude" – auch das ist eine Interpretation, die den christlichen Anlaß zum Feiern nicht mehr nennt, und durch allgemein gültige Begriffe ersetzt hat. Am 24. Dezember ist diese Bedeutungsverschiebung im Tagesbild festgehalten: Eine große weiße Taube, das Symbol für Frieden, trägt ein winziges Wickelkind.

„Wunschzettel" (Abb. 81) von Renate Cossmann enthält keine derartigen Aussagen. Die Illustratorin zeichnet mit großem Gespür für Details ein Zimmer, in dem der Weihnachtsmann in seinem Lehnstuhl sitzt. Er hat die Zipfelmütze abgenommen und seinen Schlafrock angezogen; die Katze liegt ihm auf der Schulter, das Teewasser kocht, und er studiert durch seine Nickelbrille die Wunschbriefe der Kinder: Zwei deutsche sind darunter, aber auch ein englischer und ein französischer.

Was zunächst wie ein lustiger Einfall wirkt, ist die bewußte Gestaltung des Deckblattes für einen internationalen Markt. Mit den Wunschbriefen werden alle deutsch-, englisch- und französischsprachigen Kinder angesprochen; die Kundenzahlen vervielfachen sich. Auch mit der Wahl des Weihnachtsmannmotivs, nach dem amerikanischen Vorbild des Santa Claus gezeichnet, ist ein weltweiter Absatz gesichert. Adventskalender deutscher Verlage werden zu einem beträchtlich hohen Teil im Ausland abgesetzt. Dieser Export wirkt sich deutlich in den Motiven aus; es kommt zu international verstehbaren Inhalten. Je bekannter und profaner das Dargestellte ist, desto größer wird der Abnehmerkreis. „Wunschzettel" scheint völlig diesen neuen Anforderungen zu entsprechen: Schon im Jahr seiner Erstauflage wurde er zum Verkaufsrenner.

Abb. 80
Sara Ball
„Weihnachten im Wald"
Verlag ars edition, Nr. 9594
München 1983
28 × 38

Abb. 81
Renate Cossmann
„Wunschzettel"
Verlag ars edition, Nr. 73/2
München 1987
54 × 48

Das Geschäft
mit Adventskalendern

Adventskalender unterliegen engen Preisgrenzen. Für Artikel, die nur einmal verwendet und dann weggeworfen werden, bezahlt der Kunde nicht jede Summe. Weil aber Material- und Lohnkosten steigen, müssen die Herstellung vereinfacht und die Auflagenzahlen erhöht werden. Nur so kommt ein Verkaufspreis zustande, der dem Verlag und dem Zwischenhandel die nötige Gewinnspanne läßt und für den Käufer bezahlbar ist.

Im Zuge der Verlagsumgestaltung begann ars edition mit einer wirtschaftlicheren Verarbeitung der Adventskalender. Nach der Umstellung vom siebenfarbigen auf den vierfarbigen Offsetdruck wurden alle Adventskalender mit Blöckchen oder Ausschneidebogen aus dem Programm genommen. Die Herstellung der Türchenkalender reduzierte man von drei auf zwei Schichten: Bestand ein Adventskalender von Ars Sacra noch aus einem doppelseitig bedruckten, gestanzten Papier, einem Bogen mit den Tagesbildchen und einem Karton mit ausgestanzten Feldern in Größe der Türchen, so wird bei einem ars-edition-Kalender nur noch ein Karton bedruckt, gestanzt und mit einem Motivbogen hinterklebt. Auch das früher beigelegte Textblatt entfällt inzwischen.

Die Entwicklung von drei zu zwei Schichten mag vom Ökonomischen her sehr sinvoll sein, für die Benützung des Adventskalenders bringt sie aber – bei aller Qualität in Druck und Verarbeitung – Einbußen mit sich: Die Türchen sind schwer zu öffnen, der Karton bricht leicht an der Perforation, und die Transparenz der Hinterklebung ist weit geringer als zuvor.

Im Bereich der Formate lösten drei Einheitsgrößen die Vielfalt bei Ars Sacra ab. Ars edition bietet „Maxi-Adventskalender" (38,5 × 53), eine mittlere

Größe (28 × 38) und ein Postkartenformat an. Mit den letztgenannten „Mini-Adventkalendern" gelang es dem Verlag, völlig neue Altersgruppen als Benützer anzusprechen. Die als Kalender für Erwachsene konzipierten Ausgaben gleichen in Format und Aussehen einer Glückwunschkarte und werden wie diese mit Umschlag verkauft. Den „besonderen Kartengruß zur Weihnachtszeit", so die Firmenwerbung, schicken sich vor allem Frauen untereinander.

Dieses kleine Format gibt es für den Handel nur in einem eigens dafür gestalteten Display, das mit sechs verschiedenen Motiven zu je zehn Stück gefüllt ist. Der Vorteil der Verkaufshilfe besteht darin, die Aufmerksamkeit auf das Produkt zu lenken und alles übersichtlich auf wenig Platz zu präsentieren. Bei dem Saisonartikel Adventskalender mit einer beschränkten Verkaufszeit von vier bis sechs Wochen kommt dieses Angebot dem Wunsch der Händler sehr entgegen.

Die Vorteile im Verkauf und die große Nachfrage nach „Mini-Adventkalendern" von seiten der Kunden haben dazu geführt, daß zu den herkömmlichen Anbietern von Adventskalendern auch Spielwarengeschäfte, Geschenkboutiquen und die Schreibwarenabteilungen großer Kaufhausketten hinzugekommen

sind. Der Platz der Displays ist meist nicht mehr zwischen Heften und Büchern, sondern an verkaufsstrategisch günstiger Position genau neben der Ladenkasse.

Ars edition baute durch Vertreter und Grossisten aber auch den schon bestehenden Verkauf in Schreibwarenläden und besonders in Buchhandlungen aus. . Die beiden größeren Adventskalender tragen ISB-Nummern, stehen im „Verzeichnis lieferbarer Bücher" und können über den Großhandel bestellt werden. Nur zwei andere Buchverlage, Coppenrath und Ernst Kauffmann, bedienen sich ebenfalls dieser Praxis; mit ihnen teilt sich ars edition den gesamten Markt der über den Buchhandel georderten Adventskalender.

Den internationalen Absatz fördert der Verlag dadurch, daß jede Adventskalenderrückseite den Titel des Motivs zusätzlich in Englisch enthält. Außerdem werden die Themen der Bilder ohne jegliche konfessionelle Bindung gewählt; Bärenweihnacht verkauft sich auch in Kuwait und Japan.

Jedes Jahr stellt ars edition auf der Frankfurter Buchmesse, der Nürnberger Spielwarenmesse und auf der Kinder- und Jugendbuchmesse in Bologna aus. Hier entstehen die internationalen Kontakte, die den Absatzmarkt jährlich weiter wachsen lassen.

Abb. 82
Kurt Brandes
Haus mit Märchenfiguren
Adolf Korsch Verlag, Nr. 501
München 1956
24 × 17 × 13

Die Vielfalt im Angebot heute

am Beispiel des Adolf Korsch Verlages

Adolf Korsch (*1901) hatte als gelernter Druckfachmann bis 1947 die väterliche Druckerei Josef Löschau in Schönlinde/Nordböhmen geführt, die auf Briefpapier mit Firmenansichten, Glückwunschkarten, Bildkalender und Bilderbücher spezialisiert war.

Nachdem er mit seiner Familie 1947 nach Bayern gekommen war, gründete Adolf Korsch zusammen mit Walter Flechsig, einem früheren Kunden, einen Verlag für Kalender und Glückwunschkarten, der aber schon bald wieder aufgelöst wurde. Adolf Korsch meldete schließlich am 1.1.1951 einen Verlag unter dem jetzigen Namen an.

Die erste Kollektion enthielt 11 Bildkalender-Titel, die in Lizenz des ehemals böhmischen Rudolf Schneider Verlages gedruckt wurden, und vier Adventskalender nach Meißner & Buch Vorlagen aus Leipzig.

Weil die finanziellen Voraussetzungen für eine eigene Kollektion mit Glückwunschkarten nicht vorhanden waren, traf Korsch mit ausländischen Kartenverlagen Vereinbarungen, die ihm den exklusiven Vertrieb ihrer Erzeugnisse in der Bundesrepublik ermöglichten. Außerdem begann er mit der Lieferung von Bildkalendern mit Firmeneindruck. Beide Praktiken, Lizenzausgaben und Firmenkalender, waren so erfolgreich, daß sie bis heute beibehalten wurden.

Der kontinuierliche Ausbau des Verlages ermöglichte es, 1957 wieder eine eigene Druckerei zu bauen, die schon wenige Jahre später beträchtlich erweitert werden mußte. Nach Adolf Korschs Ausscheiden im Jahre 1968 erwarb Dr. Jens Meyne seinen Anteil. Das heutige Programm umfaßt über 200 Bildkalendertitel, über 100 Adventskalender und mehr als 4000 Glückwunschkarten- und Grußkarten-Motive, 200 Geschenkpapier- und 100 Schmuckband-Designs. Adventskalender machen einen festen Bestandteil des Gesamtsortiments aus. Mit einem Angebot von über 100 verschiedenen Titeln gehört der Korsch Verlag zu den größten Unternehmen auf diesem Gebiet.

Motive durch vier Jahrzehnte:
Zeitloses und Aktuelles

Von 1951 bis 1988 erschienen im Korsch Verlag über 300 Adventskalender. In dieser fast vier Jahrzehnte umfassenden Produktion kann man verfolgen, wie sich Motive verändern, welche Themen wann bevorzugt werden, wie neue Stoffe umgesetzt werden, wie Aktuelles Eingang findet und alte Entwürfe wieder auftauchen.

Schon für seine ersten Adventskalender griff Adolf Korsch zu alten Entwürfen, die er neu auflegte. Über seine guten Verbindungen zum Meißner & Buch Verlag gelangten acht Druckfilme mit Motiven von Fritz Baumgarten an ihn, die in den dreißiger Jahren schon erfolgreich verkauft worden waren; mit ihnen bestritt Adolf Korsch seine ersten beiden Kollektionen. Die Deckblätter versprachen, auch bei Korsch wieder gut verkauft zu werden: Fritz Baumgarten, einer der bekanntesten Illustratoren der Zeit, hatte seine beliebten Wichtelfiguren von den Kinderbüchern in die Adventskalender übernommen.

In „Himmelsmusik" (Abb. 84) zeichnete Baumgarten einen verschneiten Wald mit großen Baumstämmen und dem Haus „Zum Nicolaus". Wenn alle Fensterläden offen sind, schauen die Bewohner – Wichtel und Tiere – ganz erstaunt aus ihren Behausungen heraus; sie blicken zu den über ihnen musizierenden Engeln im Himmel.

Was Adolf Korsch angenommen hatte, traf ein: Alle Kalender nach Entwürfen von Fritz Baumgarten wurden gut verkauft, viele konnten wiederaufgelegt werden, und manche sind – mit Unterbrechungen – noch heute im Programm (vgl. Abb. 90).

Der erfolgreiche Verkauf der ersten beiden Jahre ermöglichte es, neue Entwürfe für Adventskalender in Auftrag zu geben; im Durchschnitt sind es fünf pro Jahr. Durch diese Erstausgaben und die Wiederauflagen erreichte die Kollektion innerhalb kürzester Zeit beachtliche Zahlen: 1957, also erst sechs Jahre nach Beginn der Produktion, wurden neun Adventskalender zum erstenmal, neunzehn zum wiederholten Male gedruckt. Die Motive nehmen bekannte Themen auf. Im profanen Bereich sind das: Weihnachtsmänner beim Vorbereiten oder Verteilen der Geschenke, Engelswerkstätten, Spielzeugfiguren, Wichtel oder Märchenszenen.

Ein 1956 von Kurt Brandes entworfenes Häuschen (Abb. 82) erfreut sich seit dem ersten Erscheinen größter Beliebtheit und wurde schon über 450 000mal verkauft. Sein Reiz liegt einmal darin, daß es aufgestellt werden kann, aber vor allem in den Motiven: Was auf der einen Seite wie das Hexenhaus mit Hänsel und Gretel aussieht, wird im Umdrehen zum Haus der Sieben Zwerge, bei dem Schneewittchen zur Türe herausschaut. Jedes Tagesmotiv der geöffneten Fenster spielt auf andere Märchenfiguren an.

Abb. 83
Gudrun Keussen
„Die Heiligen Drei Könige"

Adolf Korsch Verlag, Nr. 387
München 1953
21 × 30

Die religiösen Motive – Krippen- oder Anbetungsszenen, der Stall von Bethlehem und die Verkündigung – nehmen im Korsch – Sortiment von Anfang an bis heute nur einen geringen Platz ein. Bei einem dieser Adventskalender hielt Gudrun Keussen fest, wie die Könige und Hirten mit ihren Gaben zum Stall kommen (Abb. 83). Durch das Öffnen der Papiertürchen wird sichtbar, was in den Körben und Kisten, den Säcken und Paketen liegt. Bei den Hirten sind es einfache Dinge – Handschuhe, ein Honigglas, eine Flöte –, die Könige bringen Kostbarkeiten mit: Goldgefäße, Brokatkleider und schönes Spielzeug.

Wiesen die Adventskalender der ersten Jahre keinerlei Zeitbezug auf, so fängt mit den neuen, in Auftrag gegebenen Entwürfen Ende der fünfziger Jahre eine Reihe der modernen Motive an, die sich bis in die siebziger Jahre hielt, dann aber wegen des mangelnden Erfolges eingestellt wurde.

Eine dieser Ausgaben sei hier stellvertretend für alle anderen gezeigt: Rudolf Hanitzsch läßt seinen Weihnachtsmann in einem Schlitten über ein Dorf fliegen, in dem ein Zug und zwei Autos stehen (Abb. 85). Weder die neue Motivgestaltung mit ihrem für Adventskalender ganz ungewöhnlich hohen Aufgebot an Technik, noch der Spezialeffekt der Bronzierung trugen zum Absatz dieses Motivs bei: Es erlebte nur eine Auflage.

Abb. 84
Fritz Baumgarten
„Himmelsmusik"
Adolf Korsch Verlag, Nr. 382
München 1952
21 × 29,5

Abb. 85
Rudolf Hanitzsch
Weihnachtsmann im Schlitten
Adolf Korsch Verlag, Nr. 432
München 1958
31 × 29

116

Abb. 86
Gudrun Keussen
Motiv nach Ludwig Richter
Adolf Korsch Verlag, Nr. 528
München 1970
39,5 × 29,5

Eva Saghuber-Peckel
Tal mit Rakete
Adolf Korsch Verlag, Nr. 534
München 1973
39,5 × 29

In den sechziger Jahren griff der Adolf Korsch Verlag vermehrt auf seinen inzwischen schon hohen Bestand an Druckfilmen zurück. Nur wenige neue Kalender erschienen; Motive von Fritz Baumgarten und Kurt Brandes bestimmten die Kollektion.

Für das darauffolgende Jahrzehnt dagegen ist typisch, daß viele neue Ausgaben gedruckt wurden. Zwei völlig gegensätzliche Richtungen lassen sich hier unterscheiden: Gudrun Keussens Arbeiten mit einem bewußt zeitlosen Stil und engem Bezug zwischen Deckblatt und Hinterklebung sowie ausgesprochen modische Entwürfe. Was im Verlag selbst mit der „Zeit der Experimente" bezeichnet wird, fällt durch die starke Orientierung am Tagesgeschehen auf: Die Adventskalender nehmen Figuren aus dem aktuellen Kinoprogramm auf – Pippi Langstrumpf, Aristocats, Schlümpfe – oder spielen auf bedeutende Ereignisse an: Apollo, Mondlandung, Raketen.

Um diese Zeit in Beispielen festzuhalten, werden zwei sehr verschiedene Adventskalender gegenübergestellt, die nur drei Jahre auseinanderliegen (Abb. 86): Gudrun Keussens Entwurf, der an ein Aquarell von Ludwig Richter aus der Mitte des 19. Jahrhunderts angelehnt ist, und Eva Saghuber-Peckels Winterlandschaft mit Kindern in einem verschneiten Tal, in dem eine Rakete steht.

Beide Motive haben das gleiche Format und ähnliche Farben: ein dunkles Blau im Himmel, ein Grau-Weiß im Schnee und dunkelgelb-orange Töne in Kleidern, Häusern und Rakete. In jedem der Bilder wird außerdem die Vertikale betont, sei es mit dem Tannenbaum oder durch die Form der Rakete. Was bei Gudrun Keussen an gedeckten Farben erscheint, kommt bei Eva Saghuber-Peckel ganz grell heraus; dem abendlichen Licht steht das helle des Tages gegenüber. Gudrun Keussen malt wieder ihre Fachwerkstadt mit verschneiten Häusern. Sie formt die Richtersche Vorlage so um, daß 24 Türchen Platz finden und zeichnet Deckblatt und Hinterklebung sehr detailreich. Eva Saghuber-Peckel bedient sich eines anderen Stils: flächige Füllung, keine Schatten, nur angedeuteter Hintergrund. Das Deckblatt wurde angelegt, ohne die 24 Türchen zu berücksichtigen. Diese Praxis begegnet schon in einigen Adventskalendern zuvor, nimmt aber ab den siebziger Jahren deutlich zu. Im vorliegenden Fall sind die Türchen an beliebiger Stelle herausgestanzt worden, so daß die Tagesbilder keinen Bezug zum Deckblatt bilden.

Trotz aller Modernität taucht auch hier am 6. Dezember ein Nikolaus auf, und am 24. findet sogar die Heilige Familie mitten in der Rakete ihren Platz. So unkonventionell das Deckblatt ist, so herkömmlich und an der Hochkunst angelehnt wurde diese Szene gestaltet: Josef, ein älterer Mann, lehnt sich auf einen Stock, und Maria trägt ein rotes Kleid und einen blauen Mantel. Eva Saghuber-Peckels Zeichnung hat wenig adventliche oder gar weihnachtliche Züge. Die verschneite Landschaft mit den schlitten- und skifahrenden Kindern läßt nur an Winter denken; der Anblick von Rakete und Astronauten hat gar nichts mit Weihnachten zu tun. Gudrun Keussen dagegen zeichnet die „Christnacht", wie der Titel von Ludwig Richters Aquarell hieß: Engel schweben auf einer Wolke herab; sie halten einen mit Lichtern geschmückten Tannenbaum und tragen das Jesuskind.

Mit dem Ankauf des Nürnberger Michel-Verlages im Jahre 1971 gelangten zehn Adventskalender in das Korsch-Sortiment; außerdem wurde die Lizenz der Walt Disney Motive für viele Länder erworben. Kalender mit Comicfiguren waren bis 1985 in der Kollektion enthalten: Es gab sie in geglimmerter oder gelackter Form und in drei Größen. Jährlich wurde im Angebot von etwa 30 Stück abgewechselt. Ein aufstellbarer Adventskalender dieses Bestandes zeigt Donald als Weihnachtsmann (Abb. 88). Er trägt eine pelzverbrämte Zipfelmütze und eine rote Jacke mit Fellbesatz; vor ihm steht ein großer Gabensack. Aber auch hier konnten weder das Weihnachtsmannmotiv noch die zusätzlich aufgetragene Bronzierung die Kunden zum Kauf anregen. Es blieb bei der ersten Auflage.

1978 erwarb der Adolf Korsch Verlag über 180 Lithosätze für Adventskalender von der inzwischen aufgelösten Firma Haering & Co., München (Haco). Die Hälfte der Filme eigneten sich wegen der zu starken modischen Fixierung in Zeichenstil und Themenwahl nicht für einen erneuten Druck. Aus der anderen Hälfte aber wird bei Korsch seither der Großteil der „Neuerscheinungen" bestritten. Man greift dabei besonders Motive mit Engeln, Weihnachtsmärkten und verschneiten Städten heraus sowie einige Anbetungsszenen. Die Möglichkeit, mit vorliegenden Filmen „Neues" produzieren zu können, verringert die Notwendigkeit, nach Illustratoren zu suchen. Die vielen Haco-Filme führten dazu, daß in den achtziger Jahren besonders wenige Adventskalender eigens in Auftrag gegeben worden sind.

1987 erschienen vier Entwürfe von Erika Bartels zum erstenmal. Bei einem ihrer Motive zeichnete sie einen Weihnachtsmann im Wald (Abb. 87). Das Neuartige dieser Szene besteht darin, daß nicht mehr Kinder Geschenke erhalten, sondern die Tiere beschert werden. Der Weihnachtsmann teilt aus einem großen Sack Äpfel aus, die Wichtel tragen Mohrrüben und Getreidegarben herbei. Rehe und Hasen, Eichhörnchen und Wildschweine sind gekommen, sogar die Igel haben ihren Winterschlaf unterbrochen. Dieses Deckblatt entstand auf Anregung des Verlages hin, damit dem Publikumswunsch nach Adventskalendern mit Tieren entsprochen werden kann.

Das Adventskalendersortiment des Korsch Verlages besteht in den achtziger Jahren zum Großteil aus Wiederauflagen. Als Reaktion auf die Mißerfolge mit

Abb. 87
Erika Bartels
Weihnachtsmann im Wald
Adolf Korsch Verlag, Nr. 482
Gilching 1987, 30 × 30

modischen Entwürfen, greift man ausschließlich auf nostalgische Haco-Motive zurück und bedient sich der eigenen, bereits erfolgreich verkauften Kalender zum Nachdruck.

„Beim Weihnachtsmann" von Kurt Brandes (Abb. 89) gehört zu diesen zeitlosen Adventskalendern, die nun mehr denn je gefragt sind. Brandes kombiniert bei seinem Motiv geschickt viele, als weihnachtlich empfundene Elemente zu einem stimmungsvollen Bild: ein Weihnachtsmann mit Geschenkeliste, der verschneite Wald, ein von Hirschen gezogener Schlitten, ein Lebkuchenhaus, Engel und Wichtel mit Geschenken.

Wie kommt der Verlag zu einem neuen Adventskalender?

Im Korsch-Verlag lassen sich mehrere Möglichkeiten unterscheiden, die zum Erwerb eines Druckfilmes und damit zu einem Adventskalender führen. Was im vorhergehenden Kapitel nur kurz angedeutet werden konnte, soll nun ausführlicher beschrieben werden.

Auftragsarbeiten

Während bei Reichhold & Lang, bei Ars Sacra und ars edition alle Adventskalenderentwürfe als Auftragsarbeiten zustande kamen, machen diese bei Korsch insgesamt nur etwa ein Viertel aus. Adolf Korsch sah sich, um neue Zeichner ausfindig zu machen, Kinderbücher an. Wenn ihm die Bilder gefielen, regte er die Illustratoren dazu an, für ihn Adventskalender zu zeichnen. Dem ersten Kontakt folgte das Vorlegen von Mustermappen, die im Verlag geprüft wurden. Wenn Zeichenstil und Themenvorschläge dem entsprachen, was sich der Verleger selbst und die Verkaufsabteilung vorstellten, erhielt der Illustrator eine Vorgabe für das Format und einen inhaltlichen Rahmen für das Motiv.

Bei Rudolf Hanitzschs Adventskalender waren das die Angaben Märchenmotiv, kleines Format. Hanitzsch gestaltete daraus ein sehr einfallreiches Deckblatt (Abb. 91), das viele bekannte Märchenfiguren enthält und den Blick des Kindes lange fesselt.

Abb. 88
Walt Disney
Donald als Weihnachtsmann
Adolf Korsch Verlag, Nr. 27
München 1971, 30 × 42

Abb. 89
Kurt Brandes
„Beim Weihnachtsmann"
Adolf Korsch Verlag, Nr. 413
München 1956, 28 × 29

Seine Tagesbildchen sind ganz genau auf die Zeichnung abgestimmt: Wo eben noch sieben Raben saßen, werden sieben Brüder sichtbar, im Schloßturm schläft Dornröschen neben der Spindel, und die Bremer Stadtmusikanten erschrecken die Räuber.

Für die Herstellung eines solchen Hängekalenders fallen – neben dem Honorar für den Entwurf – folgende Kosten an: Lithos, Filmarbeiten, Stanzformen, Glimmerstempel, Karton für das Deckblatt, Hinterklebungspapier, Druck von Deckblatt und Hinterklebung, Schneiden, Stanzen, Hinterkleben, Lochbohrung, Glimmern, Eintaschen sowie Bündeln oder Zusammenstellung zu Sortimenten.

Nachdrucke

Im Adolf Korsch Verlag geben genau geführte Listen Einblick in die Verkaufszahlen der einzelnen Adventskalender. Die Höhe der Bestellungen der Vorjahre entscheidet darüber, ob ein Adventskalender nachgedruckt, für einige Zeit zurückgestellt oder ganz aus der Kollektion genommen wird.

Das jährliche Angebot besteht inzwischen zu über neunzig Prozent aus Nachdrucken. Sie kommen dem

Abb. 91
Rudolf Hanitzsch
Märchenmotive
Adolf Korsch Verlag, Nr. 391
München 1970
30 × 21

Abb. 90
Fritz Baumgarten
„Postschlitten"
Adolf Korsch Verlag, Nr. 375
München 1951
21 × 29,5

Verlag in jeder Hinsicht entgegen: Die Motive sind markterprobt, garantieren einen guten Absatz und verringern die Herstellungskosten, weil weder Künstlerhonorar noch Lithos, Filmarbeiten, Stanzformen oder Glimmerstempel bezahlt werden müssen.

Einige ältere Motive eignen sich nur bedingt zum Nachdruck, weil sie noch mit sechs oder gar acht Farben gedruckt worden sind. Wenn es sich um bereits vielverkaufte Entwürfe handelt, die auch in Zukunft Abnehmer finden werden, läßt man von dem Aquarell oder von alten gedruckten Ausgaben die neuen vierfarbigen Filme machen.

Fritz Baumgartens „Postschlitten" (Abb. 90) kommt 1988 in veränderter Farbigkeit wieder heraus. Er gehört zu den ersten vier Adventskalendern, die bei Korsch 1951 erschienen. Die neue Ausgabe hat eine völlig neue Hinterklebung. Statt auch die Originalmotive Fritz Baumgartens neu zu lithographieren, setzte der Verlag aus Gründen der Kostenersparnis aus vorhandenem Bestand einzelne Bilder hinter die Türchen. Während einst Wichtel aus den geöffneten Fenstern schauten, werden nun kleine Gegenstände sichtbar, die gar keinen Sinn zum Deckblatt ergeben.

Montagen

Unter dem Begriff Montage sollen in bezug auf Adventskalender folgende Praktiken verstanden werden: Zwei alte Entwürfe werden zu einem neuen zusammengeschnitten, oder hinzugesetzte Elemente verändern einen vorhandenen Kalender.

Im Korsch-Verlag kam es nur selten zu Montagen: In den sechziger Jahren wurden sechs bereits früher erschienene Hängekalender dadurch zu Aufstellkalendern, daß an die Druckfilme herausklappbare Tannenbäume montiert wurden. Bei Haco-Kalendern begegnet diese Praxis dagegen sehr häufig, so daß sich im aktuellen Korsch-Sortiment eben doch einige Montagen finden.

Einer dieser Adventskalender stammt von Lore Hummel (Abb. 93). In einem sehr religiösen Deckblatt zeigt sie Szenen von der Verkündigung an Maria bis zum gefangenen Jesus. Landschaft, Architektur und Kleidung im Bild entsprechen den Vorstellungen vom Heiligen Land. Die hinzugefügten Weihnachtsbäume eines anderen Illustrators ermöglichen es zwar, den Adventskalender aufzustellen, passen aber kaum zu der orientalischen Szene des Mittelbildes.

Bei Haco wurden alle Hinterklebungen im Verlag zusammengesetzt. Die Zeichner, die für diesen Verlag arbeiteten, lieferten nur das Deckblatt ab. Für die Tagesbildchen verwendete man immer die gleichen Motive, die an fast beliebiger Stelle eingesetzt wurden.

Bei Lore Hummels Adventskalender fallen die willkürliche Stanzung und die völlig unpassende Hinterklebung sofort ins Auge: Unterhalb von Gabriel und Maria geht die Türe zum 6. Dezember auf und zeigt einen Nikolaus, neben den drei Weisen wird ein überdimensionales Eichhörnchen sichtbar, und bei Jesus im Kerker kommt ein Teddybär zum Vorschein.

Filmkauf

Für seine ersten beiden Kollektionen griff Adolf Korsch auf Druckfilme von Meißner-&-Buch-Adventskalendern zurück, weil sich sein Verlag noch keine eigenen Entwürfe leisten konnte. Als es in den siebziger und achtziger Jahren wieder zur Übernahme von Motiven anderer Verlage kam, waren ebenfalls finanzielle Gründe ausschlaggebend. Durch den Kauf von Filmen erhielt der Korsch-Verlag gegen eine Pauschale die Druckfilme für Deckblatt und Hinterklebung, die Stanzform und den Glimmerstempel.

Für den Erfolg von gekauften Druckfilmen ist entscheidend, ob die Deckblätter, die für andere Verlage entstanden, in die eigene Kollektion passen. Die

Haco-Motive erfüllten die Vorstellungen von einem Korsch-Adventskalender eher als acht Filme, die Mitte der siebziger Jahre vom Münchner Obpacher-Verlag erworben wurden, etwa zehn Jahre lang in den Prospekten auftauchten und kaum Käufer fanden: Der Weihnachtsmann mit einem Rückenkorb voller Geschenke (Abb. 92) scheint mit dem übergroßen Format, dem Zeichenstil, den willkürlich gesetzten Papierfenstern und den leuchtenden Farben gar nicht dem gängigen Bild eines Adventskalenders entsprochen zu haben; er erschien nur in einer Auflage.

Lizenzen

Im Adolf Korsch Verlag kamen ab den siebziger Jahren etwa dreißig Motive von Walt Disney, eine Ausgabe mit Schlümpfen und zwei Pippi-Langstrumpf-Adventskalender in Lizenz heraus. Die Filme für diese Motive wurden jeweils vom Lizenzgeber zur Verfügung gestellt. Die Bezahlung der Lizenzgebühr erfolgte pro verkauftes Exemplar. Ein Großteil der Motive bezog sich direkt auf das damals gängige Kinoprogramm und war schon ein Jahr später wieder veraltet. Es kam sogar bei den Deckblättern mit den „zeitlosen" Figuren wie Donald und Micky Maus (vgl. Abb. 88, 94) nur zu wenigen Bestellungen, so daß die Motive inzwischen wieder aus der Kollektion genommen wurden.

Das Adventskalendersortiment von Korsch bestand 1988 aus einer Neuerscheinung, 22 Wiederauflagen eigener Entwürfe und 78 Kalendern, die von gekauften Filmen gedruckt wurden. Außerdem erschienen Motive im Format von Glückwunschkarten, deren Deckblätter teilweise aus Details gängiger Adventskalender zusammengestellt wurden.

Adventskalender gelten im Korsch-Verlag als Pfennigartikel. Die billigsten Ausgaben kosten den Händler unter einer, den Käufer nicht mehr als zwei Mark. Man geht – ähnlich wie bei ars edition – von

Abb. 92
Weihnachtsmann mit Gabensack
Adolf Korsch Verlag, Nr. 549
München, um 1970
45 × 30

bestimmten Grenzen aus, die für ein so kurzlebiges Produkt bezahlt werden. Der Rückgriff auf schon vorhandene Entwürfe ermöglicht es, die Verkaufspreise niedrig zu halten und garantiert dem Verlag trotzdem ein einträgliches Geschäft mit diesem Produkt.

Abb. 93
Lore Hummel
Biblische Szenen
Adolf Korsch Verlag, Nr. 203
München, um 1980, 28 × 45 × 10

124

„Das Land der Bibel" und
Micky Maus

Bei den Adventskalendern, die bisher im Korsch-
Verlag erschienen, herrscht eine besonders große
Vielfalt in den Motiven. Das hat mit der Größe des
Bestandes zu tun und hängt auch mit dem Wunsch des
Verlages zusammen, allen Kundenwünschen zu ent-
sprechen. So kommt es, daß ganz verschiedene
Kalender in derselben Kollektion auftauchen: „Das
Land der Bibel" und Micky Maus (Abb. 94).

Mit diesen beiden Adventskalendern sind zwei
Extreme herausgegriffen. „Das Land der Bibel" ist
eine Auftragsarbeit von Fritz Eckle, die 1965 zum
erstenmal herauskam. Eckle zeichnete ein Motiv mit
biblischen Szenen. Auf einer Landkarte des Heiligen
Landes gehen 24 runde Papierfenster auf; sie zeigen
den Schöpfungstag, Adam und Eva im Paradies,
Noahs Arche und am 24. Dezember die Heilige Familie. Alle Bilder werden in dem dazugehörigen Text-
heft erklärt.

Für das Walt-Disney-Motiv sind keine Erläuterungen
nötig. Die Kinder erkennen Micky, Donald und dessen Neffen sofort aus den Comic-strips wieder, weil
im Kalenderdeckblatt dieser Malstil beibehalten
wurde. Im Gegensatz zu Eckles „Land der Bibel" mit
einer das Bild bestimmenden Wüstenlandschaft treten nun viele typische Bildelemente eines Adventskalenders auf: Schnee, Fachwerkstadt, Abendhimmel,
Weihnachtsbaum. Dieses Zugeständnis an das beson-

Abb. 94
Walt Disney
Micky und Donald tragen
einen Weihnachtsbaum
Adolf Korsch Verlag, Nr. 217
München 1977
30 × 22

Fritz Eckle
„Das Land der Bibel"
Adolf Korsch Verlag, Nr. 381
München 1965
39,5 × 29

dere Medium geht bis in die Tagesbildchen. Statt weiterer Walt-Disney-Figuren sind Spielsachen, ein Nikolaus und am 24. Dezember sogar eine auffallend traditionell gemalte Heilige Familie zu sehen. Aber weder die weihnachtlichen Versatzstücke noch die herkömmliche Hinterklebung verhalfen dieser Ausgabe zum Erfolg. Sie wurde nach kurzer Zeit nicht mehr nachgedruckt, während „Das Land der Bibel" seit 1965 ohne Unterbrechung erschien.

Der Großteil des Angebots bei Korsch liegt zwischen den biblischen Figuren und denen aus Comic-strips. Die verschiedenen Motive heißen in der Reihenfolge ihrer Häufigkeit: verschneite (Fachwerk-) Städtchen in der Dämmerung mit Engeln oder Menschen, Engel- oder Wichtelwerkstätten, Weihnachtsmänner und Nikoläuse, Darstellungen um den Stall von Bethlehem, Märchenfiguren und belebtes Spielzeug (vgl. Abb. 98, 99).

Sogar die Disney-Motive passen zum größten Teil in diese Gruppen, weil ihre Deckblätter bewußt auf die typischen Adventskalenderthemen hin gestaltet worden sind. Das Gleiche gilt für die dänischen Kalender. Korsch vertrieb jahrelang Ausgaben der dänischen Großanbieter I. Christian Olsens Kunstforlag (ICO) und Georg Moldow Verlag (GEMO) zur Ergänzung des eigenen Angebots. Zwischen den meist beweglichen Adventskalendern wurde jedes Jahr abgewechselt, einige Motive waren aber auch so beliebt, daß sie immer wieder in den Prospekten enthalten waren.

Zu ihnen gehört der Weihnachtsmann zum Hampeln (Abb. 95). Die international bekannte Figur des Weihnachtsmannes – ein alter Mann mit weißem Bart, roten Backen, rotem Anzug mit weißem Pelzbesatz, Stiefeln und Geschenken – wurde hier mit einem rückseitigen Mechanismus versehen, der die Gliedmaßen beweglich macht. Wenn das Kind an der Schnur zieht, gehen die Beine zur Seite und die Arme nach oben, die Geschenke in den Händen wackeln,

die Augen verdrehen sich, und die Zunge kommt aus dem Mund. Hinter diesen Effekt treten die Tagesbildchen fast zurück. Sie sind unterhalb des Bartes angebracht und kaum noch zu erkennen.

Fast alle Adventskalender, die im Adolf Korsch Verlag herausgekommen sind, gleichen sich darin, daß sie sich vom Dargestellten her kaum oder gar nicht datieren lassen. Es kommen idealisierte Städte und stilisierte Kleider vor; selbst das wenige an Technik – Autos oder Züge – wird so umgeformt, daß es nur noch sehr entfernt mit der Wirklichkeit zu tun hat. So entstehen Deckblätter, die keinerlei Verbindung zur Gegenwart aufweisen und – bei entsprechend guter Zeichnung – über Jahrzehnte hinweg wiederaufgelegt werden können.

In den Tagesbildchen tritt dieses Phänomen noch deutlicher auf. Bei der vom selben Illustrator gezeichneten Hinterklebung setzt sich das Deckblatt in den Motiven fort; die nachträglich ergänzten Einzelbilder fallen noch neutraler aus, damit sie über viele Jahre hinweg verwendet werden können.

Eine Hinterklebung von Korsch enthält zwei Pflichtbestandteile: den Nikolaus am 6. und die Heilige Familie am 24. Dezember. Es spielt dabei keine Rolle, ob der Nikolaus zum Deckblatt paßt (vgl. Abb. 93), oder ob Maria und Josef schon im Adventskalendermotiv enthalten sind. Die anderen Einzelbilder (Abb. 97) zeigen Engel, Spielzeug, Tannenzweige oder Tiere, aber auch Dinge, die gar nicht viel mit Advent oder Weihnachten zu tun haben: Birne, Mond, Glocke, Eimer, Kücken. Durch die Kleinteiligkeit der Zeichnung – es sind meist nur wenige Millimeter – erscheint alles winzig-niedlich. Viel zu selten wird bemerkt, daß der Zusammenhang zwischen dem Deckblatt und den Tagesbildchen fehlt und daß in den nachträglich zusammengefügten Hinterklebungen – wie sie bei Haco entstanden – bis zu vier verschiedene Zeichenstile auftreten.

Adventskalender für Firmen und für den Export

Die Motivvielfalt und die Flexibilität des Korsch-Verlages haben dazu geführt, daß inzwischen mehr als die Hälfte der gesamten Produktion an private Kunden und das Ausland geliefert wird.

Der Korsch-Verlag bot schon früh Firmenadventskalender an; im Laufe der Jahre baute man diese Sonderanfertigungen immer weiter aus. Fast alle Motive kommen durch ihren breiten weißen Rand für den Eindruck des jeweiligen Firmennamens in Frage. Vor allem Banken und Sparkassen bedienen sich gerne dieses Kundengeschenks in der Vorweihnachtszeit. „Für die kleinen Freunde der Raiffeisenbank" – so der Eindruck – erscheinen jährlich Adventskalender, deren Auflagenhöhe in die Hunderttausende geht.

Weil der inländische Markt durch die wachsende Zahl von Adventskalenderverlagen abgedeckt ist, vergrößert Korsch das Netz der ausländischen Abnehmer kontinuierlich. Der Verlag beliefert Westeuropa, Nord- und Südamerika, Neuseeland und seit den letzten Jahren besonders Japan. Ab einer gewissen Stückzahl werden auch hier alle Sonderwünsche – nach anderem Karton, mit bestimmter Hinterklebung – erfüllt, und der Eindruck von englischsprachigen Bibelversen in die Innenseiten der Türchen, wie das amerikanische Abnehmer immer wieder wünschen, ist längst schon zur Routine geworden.

Variationen des Papierfensters

Bei Reichhold & Lang waren die verschiedenen Handhabungen der Adventskalender ein besonderes Charakteristikum. Es gab Uhren zum Drehen, Blockblätter zum Abreißen, Figuren zum Stecken, veränderbare Kulissen sowie Tiere und Engel zum Ziehen. Was man bis in die dreißiger Jahre noch in Handarbeit sortieren oder einfügen ließ und zu relativ erschwinglichen Preisen anbot, würde heute Summen kosten, die für Adventskalender nicht mehr bezahlt werden.

Jede Adventskalenderkollektion muß aber im neuen Prospekt Neuerscheinungen enthalten, und die einfachen, zweidimensionalen Aufhängeausgaben genügen schon lange nicht mehr allen Ansprüchen. So werden immer neue Verfahren ausgedacht, die gleichzeitig herstellungstechnisch möglichst einfach und damit kostensparend sind und doch eine große Wirkung besitzen.

Im Korsch-Verlag erschienen neben den herkömmlichen zu öffnenden Türchenadventskalendern drehbare Scheiben mit wechselnden Tagesmotiven (s. Abb. 100), dreidimensionale Häuser, „Adventskalender mit 24 Figuren, die zu einer Krippe zusammengestellt werden können", „Adventskalender-Puzzle", eine „Weihnachtskrippe mit aufstellbaren Figuren" und zahlreiche dreidimensionale Ausgaben. Was in den Prospekten als völlig neuartig angekündigt wird, und so verschieden wirkt (Abb. 96), erweist sich bei genauerer Betrachtung als die Variation eines Prinzips, das sich inzwischen bei Adventskalendern durchgesetzt hat: die Stanzung eines Deckblattes an 24 Stellen und dessen anschließende Hinterklebung mit einem Blatt mit Einzelbildern.

Wird dieses Deckblatt noch an zwei oder vier Stellen gefalzt, entsteht ein aufstellbarer Adventskalender, und wenn einzelne Figuren in dieser gedruckten Zeichnung bis auf ihre Standfläche herausgestanzt werden, liegt die „Weihnachtskrippe mit aufstellbaren Figuren" vor. Beim Heraustrennen aller vier Seiten eines Türchens erhält man die Teile für das „Adventskalender-Puzzle". Die Adventshäuschen bestehen aus zwei hinterklebten und vorgefalzten Teilen, die selber zusammengeklebt werden müssen, und bei den Kalendern, die am 24. Dezember eine Krippe

Abb. 95
Weihnachtsmann zum Hampeln
Georg Moldow Verlag, Nr. 6803
Dänemark, um 1970
40 × 46

ergeben, wurden in Heimarbeit die rückseitig ange-
brachten Kunststoffschalen mit Plastikfiguren gefüllt.

Barbara Köhlers Kaufladen aus der Zeit der Jahrhundertwende (Abb. 101), die Neuerscheinung von 1988,
zeigt, daß es trotz einfachster Technik in der Herstellung – gestanztes Motiv, hinterklebt, an vier Stellen
gefalzt – zu einem besonders einfallsreichen Adventskalender kommen kann. Beim Öffnen der Türchen
wird sichtbar, was sich in den Fächern, den Schubla-
den und Schränken verbirgt.

Abb. 97
Hinterklebung eines Adventskalenders
Adolf Korsch Verlag, Nr. 059
München, um 1980
19,5 × 27,5

Abb. 96
Auswahl aufstellbarer Adventskalender
Adolf Korsch Verlag
München 1956 – 1988

Welche Motive haben Erfolg?

Bei Adventskalendern gibt es wahre Verkaufsrenner, aber auch solche, bei denen die Restbestände der ersten Auflage eingestampft werden müssen, weil sie nach fünfzehn Jahren immer noch nicht verkauft worden sind. Um einen solchen Fall handelt es sich bei „Apollo" (Abb. 100). 1972 in einer Stückzahl von 10000 erschienen, wurde hier nicht einmal die erste Auflage vollständig abgenommen. Die Ansicht der Kirche von Seiffen dagegen druckte Korsch schon über 500000 mal. In manchen Jahren setzte man das Motiv sogar fünfmal auf die Druckbögen, um den Bedarf zu decken: Allein 1981 wurden 50000 angefertigt.

Auch bei diesen zwei Ausgaben stehen sich Extreme gegenüber: einer der am schlechtesten und einer der am besten gegangenen Adventskalender von Korsch – der Flop und der Bestseller. Im Vergleich werden die Faktoren erkennbar, die am Erfolg oder Mißerfolg maßgeblich beteiligt sind. Es beginnt bei der Farbigkeit (grell-gedeckt), hat mit der Themenwahl zu tun (Weihnachten auf dem Mond – Sezene im Schnee um eine Kirche) und hängt von der Handhabung ab (das ungewohnte Drehen eines Raumschiffes – das gewohnte Öffnen von Türchen, die wie bei einem Zifferblatt angeordnet sind). „Apollo" hatte wahrscheinlich zu viel Neues: Thema und Handhabung, Malstil und Farben. Die ganze Art von Eva Saghuber-Peckels Gestaltung läßt zunächst gar nicht an einen Adventskalender denken. Bei Rotraut Hinderks-Kutscher dagegen gibt es eine seltene Eindeutigkeit.

In „Apollo" nahm das viele Neue buchstäblich dem Bekannten den Platz weg: Der Weihnachtsbaum – an den linken Bildrand gerückt – und die kleinen Geschenke werden erst beim zweiten Hinschauen erkennbar, dann nämlich, wenn der Blick vom zentralen Punkt des Bildes, der orangen Mondlandefähre, langsam abgleitet. Auch die Tagesmotive – jeweils ist nur immer eines sichtbar, im Gegensatz zu allen offenen Türchen beim Seiffen-Motiv – tragen nicht dazu bei, das wenige Weihnachtliche im Bild zu vermehren.

Bei Adventskalendern scheint es konstituierende Bildelemente zu geben, die vom Betrachter erwartet und erkannt werden, um dann in der Assoziation ‚Adventskalender' zu münden. Es sind die Tageszahlen, das winterliche Motiv einer verschneiten Stadt und die Stimmung, die vom Licht oder den dargestellten Szenen ausgeht. Je mehr dieser Elemente zusammenkommen, desto leichter wird die Funktion erkannt, und um so eher wird er – bei einer ansprechenden Zeichnung – gekauft.

Das Massenprodukt Adventskalender

Wenn man den achtseitigen Adventskalenderprospekt des Korsch-Verlages aufschlägt, fällt die Verschiedenheit der angebotenen Motive und Formen auf. In den Jahren, als noch Walt-Disney- und dänische Adventskalender mit aufgeführt wurden, verstärkte sich dieser Eindruck. Das, was im Vorjahr gekauft worden ist, bleibt in der neuen Kollektion, und die Ladenhüter werden nach kürzester Zeit herausgenommen. So bestimmt die Nachfrage entscheidend die Zusammenstellung des Angebots. Selbst die neuen Entwürfe orientieren sich am bisher erfolgreich Erschienenen; Experimente werden nicht mehr gewagt.

Spätestens bei diesem Verlag kann vom Massenprodukt Adventskalender die Rede sein. Der Begriff spielt nicht nur auf die Höhe der Auflage an – so beträchtlich sie auch sein mag –, sondern hat mit der Menge und Vielfalt der Kollektion zu tun, mit der Art der Herstellung, mit den Formen der Distribution, mit der Orientierung am Kundengeschmack sowie mit der Praxis, an Neuerscheinungen zu kommen.

Korsch steht mit seiner Tätigkeit in einer jahrhundertelangen Tradition innerhalb der Verlage von populärer Druckgraphik. Sie bieten beides an: die billigen Ausgaben zum einmaligen Gebrauch und die teuren, die so gut sind, daß sie gerne jahrelang wiederverwendet werden; hier gibt es qualitätvolle Entwürfe neben Montagen.

Abb. 98
Weihnachtsmarkt
Adolf Korsch Verlag, Nr. 056
München, um 1980
20 × 28

Abb. 99
Elfriede Türr
„Bethlehem"
Adolf Korsch Verlag, Nr. 403
München 1954
22 × 29,5

Abb. 100
Eva Saghuber-Peckel
„Apollo"
Adolf Korsch Verlag, Nr. 535
München 1972
38 × 33

Rotraut Hinderks-Kutscher
Seiffener Kirche
Adolf Korsch Verlag, Nr. 451
München 1966
29 × 29

Abb. 101
Barbara Köhler
Kaufladen
Adolf Korsch Verlag, Nr. 454
Gilching 1988
25 × 36 × 10

Tendenzen in der Geschichte des Adventskalenders

Die ersten Adventskalender – von Eltern für ihre Kinder in den verschiedensten Formen selbst gemacht – tauchen im 19. Jahrhundert auf. In den Berichten von vorweihnachtlichen Bräuchen aus protestantischen Familien kommt immer wieder zur Sprache, wie sehr die Handlungen am Adventskalender mit biblischen Verheißungen, Gesang und Gebet verbunden waren. Sie glichen in ihrem liturgieähnlichen Aufbau einem Gottesdienst.

Bei den Katholiken gab es an den Werktagen im Advent frühmorgendliche Rorate-Gottesdienste. Die hierfür vorgesehene Liturgie und die wechselnden Bibellesungen bereiten bis heute auf das bevorstehende Ereignis der Weihnacht vor.

Was bei den Katholiken in die Kirche integriert war, fand – nach den vorhandenen Erinnerungen – bei den protestantischen Familien zu Hause statt. Dieses Beten, Singen, Bibellesen und Bildbetrachten in den täglichen Andachten war wegbereitend für die ersten selbstgebastelten Adventskalender.

Die Anfänge des gedruckten Adventskalenders sind eng mit Gerhard Lang verbunden. Er baute, überzeugt von seiner „Erfindung", innerhalb weniger Jahre eine Kollektion auf, die er gleichermaßen durch seine Ideen und seine Qualitätsansprüche prägte.

Heute bestimmt ein größerer Kreis über Formen und Motive von Adventskalendern: Verleger, Illustrator(inn)en, Lektoren, Hersteller, Verkaufsleiter und Kunden. Dennoch lassen sich gerade in den Deckblättern individuelle Züge erkennen: Gudrun Keussens Vorliebe für Fachwerkstädtchen und viele figurenreiche Szenen, Sara Balls Spaß an Tieren und Eva Saghuber-Peckels Faszination an der Raumfahrt.

Die Adventskalendermotive sind bisweilen auch Ausdruck der zeitgenössischen Realität, wenn sie das Weihnachtsfest ideologisieren, die Gegenwart durch ein biedermeierliches Ambiente oder eine Bärenwelt ersetzen und die populären Kinofiguren aufnehmen.

Der gedruckte Adventskalender hat innerhalb von acht Jahrzehnten eine Entwicklung vom numerierten Einzelstück zum Massenprodukt vollzogen. Konnte Gerhard Lang anfangs noch für jeden seiner Kalender eine Nummer ausgeben und sich immer neue und kompliziertere Formen ausdenken, so müssen die heutigen Verleger viel wirtschaftlicher vorgehen. Sie produzieren inzwischen keine Liebhaberstücke für bestimmte Kreise mehr, sondern Adventskalender für jeden Geschmack, jeden Geldbeutel und jedes Land.

Diese Universalität im Anspruch, wie sie dem Massenprodukt Adventskalender zugrunde liegt, führte zu vollkommen anderen Bedingungen des Entstehens: zeitlose Motive, möglichst kostensparende Herstellung, Einheitsformate sowie Sortimente für den weltweiten Vertrieb. Massenprodukt Adventskalender bedeutet aber auch Preise, die für jeden erschwinglich geworden sind, und auch eine große Vielfalt im Angebot.

Verzeichnis der verwendeten Literatur:

AVERDIECK, Elise: Karl und Marie. Eine Sammlung von Erzählungen. Für Kinder von 5 bis 9 Jahren. Hamburg [9]1880

dies.: Elise Averdieck als Diakonissenmutter. Der Lebenserinnerungen zweiter Teil. Hamburg [2]1913

BERNHARD, Marianne: Gnadenbringende Weihnachtszeit. München 1966

BINDSCHEDLER, Ida: Die Turnachkinder im Winter. Erzählungen. Frauenfeld (1909)

BODELSCHWINGH, Fritz von: Aus einer hellen Kinderzeit. Bethel [11]1963

KLESSMANN, Eckart: Das Hamburger Weihnachtsbuch. Hamburg 1982

KIRCHENLEXIKON oder Enzyklopädie der katholischen Theologie und ihrer Hülfswissenschaften. Freiburg [2]1882

LEJEUNE, Lina: Das Haus an der Pfingstweide. Gestalten und Erinnerungen aus glücklicher Jugend. Stuttgart 1932

LÖCHER, Paul: Wie's einstens war zur Weihnachtszeit. Ein Buch der Erinnerungen. Ostfildern 1979

MANN, Thomas: Buddenbrooks. Verfall einer Familie. Frankfurt 1981

MITSCHERLING, Walter: Das weihnachtliche Herz. Allerlei Geschichten. Berlin [2]1956

PARSCH, Pius (Hg.): Adventabend. Vorlagen und Winke zur Gestaltung des Advents in Pfarre und Haus. Klosterneuburg [4]1958

ROST, Hans: Sendung und Werk des Ars Sacra Verlags in München. In: Sankt Wiborda. Ein Jahrbuch für Bücherfreunde 3 (1936), S. 113 – 131

SCHIER, Barbara: Volkskundliche Verlage im Dritten Reich vor dem Hintergrund nationalsozialistischer Kulturpolitik. In: Bayerisches Jahrbuch für Volkskunde 1988, S. 138 – 173

TSCHUDY, Franz Josef: Zur Geschichte des Verlages Josef Müller/Ars Sacra Josef Müller. München o.J. (Unveröffentlichtes Typoskript)

WEISMANTEL, Leo: Unter dem Adventskranz. Ein Adventlese- und -Werkbuch. Wien – Klosterneuburg – Leipzig 1939

WOLGAST, Heinrich (Hg.): Schöne alte Kinderreime. Für Mütter und Kinder. Buchschmuck von Josef Mauder. München o.J. (1904)

WURST, Ingrid: Adventskalender. Neue Ideen. Stuttgart [5]1985

Literatur über Adventskalender:

AREND, Silke: Ich sammle Adventskalender. In: Sammler-Journal 9 (1980), S. 1064 – 1067

BINDHEIM, Stefan: Adventskalender – gestern und heute. In: Spielmittel. Die Zeitschrift für Information, Beratung, Diskussion 5 (1985), S. 48 – 53

ders.: Am Anfang war das Klausenholz. Adventskalender im Blickpunkt. In: Spielmittel 4 (1986). S. 65 – 69

DEHNERT, Walter: Der Adventskalender. Einige Bemerkungen. (= Vitrinenblätter des Instituts für religiöse Volkskunde an der Universität Freiburg, Nr. 1) 1979. (Unveröffentlichtes Typoskript)

GAJEK, Esther: Adventskalender von „Reichhold & Lang, Lithographische Kunstanstalt G.m.b.H., München". In: Bayerisches Jahrbuch für Volkskunde 1986/87, S. 33 – 54

dies.: Adventskalender aus Münchner Verlagen. Zur Geschichte und Gegenwart eines Produkts der populären Druckgraphik. Hausarbeit zur Erlangung des Magistergrades. München 1988. (Unveröffentlichtes Typoskript)

GALLER, Werner: Adventkalender. In: Weihnachten in Niederösterreich. St. Pölten, Wien 1977, S. 5f

ders.: (Hg): Adventkalender. Wien 1980. (= Katalog des Niederösterreichischen Landesmuseums, N.F. 103)

ders.: Adventskalender. In: Christa Pieske (Hg.): Das ABC des Luxuspapiers. Herstellung, Verarbeitung und Gebrauch 1860 bis 1930. Berlin 1983

GOCKERELL, Nina und JAACKS, Gisela: Der Adventskalender. In: Weihnachtliche Bräuche in Hamburg und Norddeutschland, in München und Oberbayern. München 1985, S. 16 – 25

KLENK, Editha: Adventskalender. In: Terminologie, Methoden und Zielsetzungen einer Wiener Volkskunde in Verbindung mit Darstellung und Einordnung zweier erneuerter gegenwärtiger Brauchformen. Diss. Wien 1966, S. 147ff

MARTISCHNIG, Michael: Adventskalender. In: Volkskunst 2 (1982), Heft 4, S. 235 – 244

MÜLLER, Beate: Gestaltung eines Adventskalenders. Diplomarbeit im Fachbereich Gestaltung, Fachrichtung Kommunikationsdesign. Kiel 1988. (Unveröffentlichtes Typoskript)

REUTHER, Hella: Münchener Weihnachts Kalender. In: Charivari 2 (1976), Heft 6, S. 3 – 7

TOIJER-NILSSON, Ying: Adventskalendern. In: Karlstadts stifts julbok. Katrineholm 1962, S. 5 – 10

WUNDERLIN, Dominik: Seit wann gibt es Adventskalender? In: Schweizer Volkskunde. Korrespondenzblatt der Schweizerischen Gesellschaft für Volkskunde 70 (1980), Heft 1, S. 39

ders.: Der Adventskalender. In: Schweizer Volkskunde 72 (1982), Heft 6, S. 81 – 86